ESSAI

SUR LA

DESTINATION PREMIÈRE

DE LA MAISON-CARRÉE

Par M. AUGUSTE PELET.

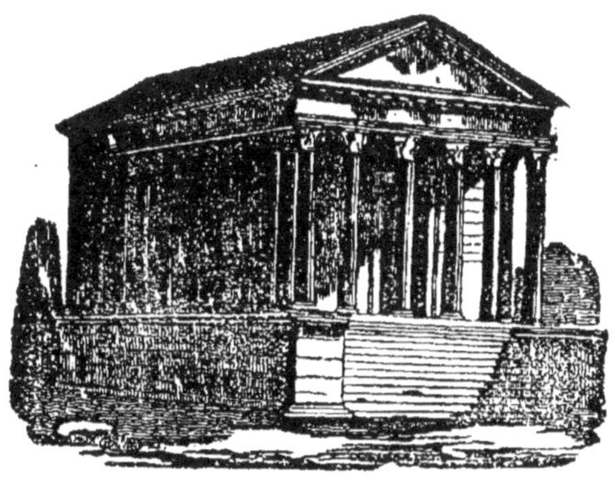

NIMES
IMPRIMERIE CLAVEL-BALLIVET ET Ce
RUE PRADIER, 12

1862

ESSAI

SUR LA

DESTINATION PREMIÈRE DE LA MAISON-CARRÉE

I.

Souterrains de la Maison-Carrée.

Croyez-le bien, Messieurs : tout n'a pas été dit sur les monuments qui décorent notre cité, nous pensons, au contraire,

Que ce champ ne se peut tellement moissonner
Que les derniers venus n'y trouvent à glaner.

Pour compléter les descriptions architectoniques qui ont été publiées sur l'édifice romain le mieux conservé qu'il y ait au monde, j'ai cru devoir comprendre, dans le plan général, non seulement les fouilles exécutées en 1822 et 1833, mais aussi les souterrains que nous allons décrire, et dont peu de personnes connaissent l'existence (1).

Généralement considérés comme une œuvre moderne (2), ces souterrains n'ont été l'objet d'aucune investigation ; de sorte que cette partie de l'édifice

(1) Voyez, pour la description architectonique, Grangent et Durand — le *Catalogue du Musée*.

(2) Ménard — Grangent et Durand.

offre encore aujourd'hui tout l'intérêt d'une découverte récente.

A la prière de l'historien de Nimes, les consuls de 1755 chargèrent M. Dardailhon, architecte de la ville, de pénétrer dans ces cryptes, d'en lever le plan et de faire à la municipalité un rapport détaillé sur l'objet de son exploration ; le plan seul fut publié par Ménard, sans le moindre commentaire, et d'une manière assez peu exacte (1).

Il était dit dans le rapport de l'archiectecte, du 17 juin 1755, « que, dans le principe, il n'y avait » point de souterrain au dessous du vestibule, et » encore moins sous le reste du bâtiment; que c'était » par la construction d'une voûte moderne qu'on » avait formé un caveau sous le péristyle, car *il ne » devait y avoir qu'un fossé ou qu'un vide entre le » mur qui porte les colonnes de la façade et celui » où se trouvait la porte d'entrée du temple* ».

M. Dardailhon, peu versé sans doute dans l'étude des monuments antiques, motivait cette singulière opinion sur l'idée bizarre qu'il s'était forgée que, « les deux grandes consoles en saillie au dessus de » la porte d'entrée avaient servi au mécanisme » d'un pont-levis établissant cette pente et les co» lonnes de la façade, afin de franchir le fossé ou » le bassin qui séparait ces deux points. »

L'absurdité de cette supposition n'a pas besoin

(1) Ménard, t. VII, p. 32. — Ce Dardailhon était probablement un descendant de l'architecte de ce nom qui fit, en 1689, avec beaucoup d'intelligence, de grandes réparations à la Maison-Carrée, sous les yeux de l'intendant de Bâville. Ménard, t. VI, p. 315.

d'être démontrée ; Ménard ne l'a pas même jugée digne d'une critique, et cependant elle a contribué à accréditer une erreur, en faisant considérer comme moderne une voûte évidemment aussi ancienne que l'édifice auquel elle se rattache.

Ce n'est que d'après l'historien de Nimes que MM. Grangent et Durand ont parlé de ces souterrains. Utilisés comme lieux de sépulture par les Augustins, qui, au XVIIe siècle, avaient fait une église de la Maison-Carrée, ces caveaux étaient restés murés depuis qu'ils ne servaient plus à cet usage ; de sorte qu'ils ne pouvaient être décrits, en 1819, que d'après l'exploration qui avait été faite, en 1755, par l'architecte Dardailhon.

En 1822, on pénétra dans ces souterrains par une entrée moderne, percée par les Augustins dans l'épaisseur du stylobate, sous le péristyle du côté de l'ouest. Les cercueils en furent extraits, et religieusement transportés au cimetière ; de concert avec MM. Grangent et Alphonse de Seynes, nous prîmes alors un plan exact de cette partie si peu connue de notre antique édifice. En voici la description, dont on ne peut guère se faire une idée juste qu'en la suivant sur le plan que vous avez sous les yeux.

Le sol de la *cella*, proprement dit, est établi sur un massif compacte de bâtisse ayant 0^{m}60 d'épaisseur, tandis que, sous le péristyle, ce massif est remplacé par un caveau A de 9^{m}42 de longueur sur 5^{m}85 de large. Les colonnes reposent sur des murs de 2^{m} d'épaisseur construits en gros blocs de pierres de Sernhac. Le sol de ce caveau est à 3^{m}40 au dessous de celui du péristyle ; il est recouvert d'une voûte surbaissée qui a pu être réparée à une époque quelconque, mais qui est évidemment de construction antique.

Une porte cintrée B, de la même époque, était, dans le principe, la seule entrée de ce caveau ; mais, en 1607, cet unique passage ayant été obstrué par des constructions modernes adossées contre la face orientale du monument, les Augustins pratiquèrent sur le côté opposé une ouverture pour pénétrer dans ce souterrain, transformé par eux, en 1689, en un caveau de sépulture, à l'usage de la communauté.

Sur le mur méridional de ce premier caveau, à 2m57 à l'angle ouest, se trouve l'entrée d'un corridor tortueux C, dont les sinuosités sont indiquées sur le plan ; sa hauteur est de 1m60 sur une largeur irrégulière d'environ deux mètres ; nous disons environ parce que, sur toute sa longueur, sauf une portion DF de 3m70, le parement des murs a été arraché. Ce corridor aboutit à un second souterrain demi-circulaire, que Ménard indique, mal à propos, comme circulaire, au dessous du fond de la *cella*.

A peu près vers le milieu du corridor, il y a, à droite, un passage au fond duquel est un puits de construction romaine, de 1m50 de diamètre et 10 m de profondeur, parfaitement parementé dans toute sa hauteur en moellons d'appareil.

Le premier souterrain était éclairé, sous le péristyle, par deux lucarnes K, à droite et à gauche de la pente ; les autres parties étaient sans jour.

Il faut convenir que l'irrégularité du corridor qui sert de communication entre les deux souterrains, sa direction tortueuse, ses murs, en grande partie non parementés, donnent à cette portion de l'édifice l'aspect d'un ouvrage fait après coup, par arrachement, sans plan arrêté ; il n'y a donc rien d'étonnant que ce boyau tortueux ait été considéré comme l'œuvre des Augustins, à l'époque où ils donnèrent à ce temple païen une destination chrétienne.

Mais si l'on considère qu'une partie des murs de ce corridor est encore revêtue de son parement, sur une longueur de $3^{m}70$, ne supposera-t-on pas, avec nous, que tout le reste devait être construit de la même manière, et que l'arrachement qu'on remarque sur les autres parties des murs pourrait bien être l'œuvre de quelque vainqueur avide, qui, par suite de l'opinion qui faisait de la Maison-Carrée l'antique *ærarium* de Nimes, pouvait supposer que les trésors de la cité étaient cachés dans les souterrains ?

Quoi qu'il en soit, nous aurons bientôt l'occasion de démontrer, d'une manière certaine, que les frères Augustins ont été entièrement étrangers à toutes les dégradations qu'on a voulu leur attribuer.

Ces détails complètent bien la description architectonique de la Maison-Carrée ; mais son âge et sa destination première laissent encore la lice ouverte aux conjectures.

Il y a déjà trop longtemps, Messieurs, que, dans un essai qui me valut l'honneur d'être admis dans cette enceinte, je vous fis connaître, à propos de l'inscription de la Maison-Carrée, quelle était mon opinion sur l'âge de cet édifice. J'essaierai, dans une autre lecture, d'en déduire des conséquences sur sa destination, à laquelle devra se rattacher nécessairement l'utilité des souterrains dont je viens de faire la description.

Pour en finir sur ce qui concerne l'architecture du monument, permettez-nous d'ajouter quelques mots sur une partie de sa décoration extérieure dont l'existence ne vous est peut-être pas plus connue que celle des souterrains ; décoration qui n'a été jusqu'ici qu'un objet de blâme, au point de vue du bon goût, et que rien, en effet, ne semblait motiver.

C'est une petite corniche, dont on ne voit plus que de légères amorces, qui régnait sur les murs extérieurs de la *cella* et se profilait contre les colonnes engagées, à la hauteur du tiers de leur fût. Cette corniche avait dix-neuf centimètres de saillie ; elle fut rasée entièrement lors des réparations faites par les moines. La bizarrerie de cette disposition, à laquelle nous avions, jusqu'à ce jour, cherché vainement un motif, vient peut-être de nous être révélée par un ouvrage peu connu, tombé sous les mains d'un de nos confrères occupé à étudier les monuments grecs à un point de vue autrement important que celui qui fait l'objet de cette lecture.

Cet ouvrage, que le P. Babin publia en 1874, ne se trouve plus aujourd'hui qu'à la bibliothèque du musée britannique, et dans celle de Lyon. L'auteur, en parlant du Parthénon d'Athènes, dit, page 198 :

« Le long du temple, il y a une allée ou galerie
» de chaque côté, où l'on passe entre les murailles
» du temple, et dix-sept fort hautes et fort grosses
» colonnes cannelées qui ne sont pas d'une seule pièce,
» mais de diverses grosses pierres de beau marbre
» blanc, mises les unes sur les autres. Entre ces
» beaux piliers il y a, le long de cette galerie, une
» petite muraille qui laisse, entre chaque colonne,
» un lieu qui serait assez long et assez large pour y
» faire un autel et une chapelle, comme on en voit

» aux côtés, et proche des murailles des grandes » églises » (1).

M. le comte de Laborde, qui a eu l'heureuse idée de reproduire en entier l'œuvre du P. Babin (2), dit, à propos de ce paragraphe : *Il y a là une disposition que je ne comprends pas, et qu'il faut étudier.*

Sans trop nous écarter de notre sujet, nous croyons pouvoir consacrer quelques lignes à cette étude.

Restituons d'abord, par la pensée, au Parthénon d'Athènes, la disposition architectonique décrite par le P. Babin.

Ce monument est, comme l'église de la Madeleine à Paris, un temple périptère, c'est-à-dire dont les colonnes isolées forment tout autour un perron (3).

Il y a, en effet, sur chacun des côtés du Parthénon, dix-sept colonnes qui forment une galerie entre elles et le mur du temple. *Entre ces beaux piliers, il y a, le long de cette galerie, une petite muraille.* Il ne faut pas entendre par ce mot un mur établi sur toute la hauteur des colonnes, ce qui serait absurde, mais simplement ce que les architectes appellent un *mur d'appui* ou *parapet* de peu d'élévation, formé par des dalles debout servant de balustrade au perron : ce que Vitruve nomme *podium*, *pluteus* ou *peribolus*. Ce mur, détruit depuis longtemps par suite de sa

(1) *Relation de l'état présent de la ville d'Athènes, ancienne ville de la Grèce, bâtie depuis trois mille quatre cents ans, avec un abrégé de son Histoire et antiquités*, à Lyon, chez L. Pascal, rue Mercière, vis-à-vis la petite porte Saint-Antoine, au Livre-Blanc. — MD CLXXIV, par le P. Babin ; publiée par Spon.

(2) *Athènes, aux* XVe, XVIe *et* XVIIe *siècles*, par le comte d Laborde. — Paris, 1854, 2 vol.

(3) De *peri*, autour, et *pteron*, aile.

fragilité, devait sans doute exister en 1674, époque à laquelle le P. Babin fit son voyage à Athènes.

Ce peribole existait-il à tous les temples *périptères*, ou seulement à quelques-uns ? Nous n'en savons rien; le P. Babin est le seul qui l'applique au parthénon, et cependant il nous paraît difficile d'admettre qu'il l'ait inventé ; nous ne voyons pas, d'ailleurs, pourquoi cette disposition architectonique n'aurait pas existé au temple de Minerve lorsque Vitruve, en parlant des temples *périptères*, dit positivement : « Si l'on veut faire un *accoudoir* sur les trois » côtés du temple, *podium ex tribus lateribus*, il » faut qu'il soit ordonné de telle sorte que *le socle*, » *la base et le dé*, *la corniche et la cymaise de l'ac-* » *coudoir* soient en rapport avec les mêmes parties » du stylobate qui est sous la base des colonnes » (1).

Il nous semble d'ailleurs que dans les temples *pseudodiptères* à colonnes engagées, comme notre Maison-Carrée, qui sont peut-être de création romaine, il nous semble que l'architecte a voulu conserver le souvenir de la disposition dont parle le P. Babin, et que les refends verticaux, couronnés d'une cymaise, qui existent entre les colonnes engagées, et qui, considérés comme une décoration, sont l'objet d'une critique fondée, pourraient bien n'être en réalité qu'une réminiscence de ce que l'architecte romain avait vu dans les temples *périptères* des Grecs qu'il cherchait à imiter.

Nous soumettons cette conjecture aux architectes qui s'occupent d'étudier les monuments, au point de vue archéologique.

(1) Vitruve, liv. III, ch. 3.

Nous chercherons à démontrer tout à l'heure que la Maison-Carrée n'était pas un temple.

II.

La Maison-Carrée n'était pas un temple.

Lorsqu'on a sous les yeux le parallèle de Durand, où se trouvent réunis, sous une échelle commune, tous les monuments du monde, on est étonné de voir que les anciens temples, qui faisaient l'admiration des historiens de l'antiquité, ne soient que de très-petits édifices lorsqu'on les compare à Saint-Pierre de Rome, Saint-Paul de Londres, ou aux cathédrales de Milan, Florence, Bologne, etc., etc., sans excepter même le Panthéon romain que Bramante, dans sa composition gigantesque de la métropole de Rome, semble avoir voulu abaisser en l'élevant à cent trente mètres pour en faire une simple coupole (1).

Ce n'est donc point par leur grandeur réelle que les temples antiques ont acquis cette célébrité qu'a consacrée l'histoire, mais plutôt par une grandeur apparente, résultant de l'élégance de leur forme, de leurs proportions, de la beauté des matériaux, de la richesse de leur décoration et de l'image gigantesque du Dieu que renfermait leur sanctuaire : c'est ainsi que le petit Hercule de Lisippe paraissait colossal par le seul fait d'une création sublime (2).

(1) La coupole de Saint-Pierre a les mêmes dimensions que le Panthéon d'Agrippa.

(2) Cicognara.

Remarquons, au contraire, que les grandes proportions produisent un effet entièrement opposé : ainsi l'immense basilique de Saint-Pierre, où le moindre détail semble, comme on l'a dit, insulter à la petitesse de l'homme ; on s'étonne de rester froid et sans admiration pour la masse gigantesque de cette cathédrale, dont l'architecture « sans goût, » par une combinaison d'arcades superposées et » d'un entassement de pierres et de marbres, montre, » de toute part, la difficulté vaincue, sans rappeler » la majesté divine » (1) ; tandis qu'il est impossible de rester froid en présence des temples de Pœstum, de Tivoli, ou de la Victoire Aptère : ce qui prouve évidemment que le véritable caractère de grandeur n'est pas dans les dimensions colossales, mais dans la simplicité de l'exécution (1).

Toujours placés dans des sites pittoresques, au sommet des promontoires, sur des rochers, au milieu des bois, les temples antiques semblent, par leur situation même, se détacher de la terre pour s'élever dans les cieux, et l'on éprouve, à leur aspect, ce

(1) Un objet, loin de se rétrécir ou de perdre de sa grandeur lorsque notre esprit peut le parcourir ou le mesurer d'une seule vue, lorsqu'il peut l'embrasser et le renfermer dans une seule idée, se présente à nous dans toute sa grandeur par la faculté de le concevoir. Notre âme charmée de toute conception facile s'agrandit et s'élève avec le sujet. Tout ce que nous sommes obligés de considérer par petites parties ou que nous ne saurions parcourir tout d'un coup à cause de la multitude des parties composées, perd de sa grandeur. D'après ce principe, un grand palais nous paraît petit lorsqu'il est surchargé d'ornements, et une maison nous semble grande lorsqu'elle est d'une construction belle et simple. (Winckelmann, *Histoire de l'Art*, t II, p. 40.)

sentiment religieux qui fait tressaillir sous les voûtes aériennes des basiliques du XIIIe siècle, dont la forme pyramidale semble élever la pensée vers le ciel.

Tel était le génie de l'architecture chez les anciens; c'est par l'aspect extérieur du monument que l'artiste exprimait ce que l'architecte du moyen âge faisait éprouver à l'âme sous les voûtes du temple chrétien! Inspirés par un même sentiment, chacun d'eux le formulait en se conformant aux croyances religieuses de son époque dont son impression n'était que le reflet.

En rapport avec la nature physique, la religion païenne devait naturellement inspirer une architecture simple, riche et élégante, qui frappât les sens, comme les dogmes de cette religion; c'est pourquoi *tout fut méthodique, simple et raisonné dans l'architecture antique* (1).

Le temple renfermait la divinité à laquelle il était consacré ; il n'était permis qu'aux prêtres et aux matrones d'entrer dans son enceinte. Le sacrifice était fait sous le péristyle, par un seul individu ou par une famille, et le peuple, en dehors, couronnait les marches du temple pour assister à la cérémonie : de là la petite dimension des temples païens (2).

En renversant la religion de l'Etat, le christianisme eut pour but, au contraire, de provoquer en toute chose la plus grande réunion possible; les églises eurent de vastes dimensions, afin de réunir dans leur enceinte la plus grande quantité d'assis-

(1) M. de Caumont, *Cours d'antiquité*, IVe partie, p. 271.

(2) *Mémoires de Quatremère de Quincy, sur les temples antiques.*

tants ; la nature physique ne servit plus de base à l'architecture religieuse, comme chez les anciens ; « l'esprit de spiritualité parut dans l'art chrétien ; » les édifices furent à jour, couverts de ciselures et » de broderies qui semblaient rivaliser avec la subti- » lité de la pensée ; la forme était tout dans l'art » antique, tandis que cet élancement des parties » vers le ciel, qui constitue l'art chrétien, c'est prin- » cipalement la pensée qui préside à la construc- » tion » (1).

Ce n'est pas seulement de ce que les profanes n'étaient point admis dans les sanctuaires que nous déduisons la petitesse des temples antiques ; elle est confirmée par ce qu'en disent les auteurs anciens. Combien devaient être petits les soixante temples compris dans l'enceinte du Capitole, bien moins grande que l'enceinte occupée aujourd'hui par le Vatican seul ! D'après Pline, le temple de Jupiter Férétrien n'avait que seize pieds de longueur, et *si l'on parcourt, Pausanias à la main*, dit un auteur moderne, *les campagnes de la Grèce, du Péloponèse et des îles voisines, on n'y trouve plus que des restes de petits édifices qui sont plutôt des chapelles que des temples* (2). Tous ceux qui se trouvent dans la campagne de Rome, les onze temples exhumés à Pompéï, celui de la Victoire Aptère, nouvellement rétabli sur l'Acropole d'Athènes, démontrent la petitesse de ces édifices.

A ce point de vue, le Panthéon de Rome semblerait faire exception à cette règle générale ; mais il ne faut pas oublier que depuis longtemps la destination

(1) De Caumont, *Cours d'antiquité*, p. 212.
(2) Cicognara.

religieuse de ce monument a été mise en doute (1), et que de nouvelles fouilles ont démontré que cet édifice n'était qu'une dépendance des thermes d'Agrippa, peut-être un simple vestibule que décoraient les statues des dieux (2).

Il résulterait de ces diverses observations que si l'on veut considérer la Maison-Carrée comme un monument consacré au culte par les Romains, il faut admettre aussi que la ville de Nimes renfermait, dans ses murs, un des plus vastes temples de l'antiquité, ce qui paraît peu probable. Ajoutons, de plus, que les temples rectangulaires étaient tous décorés de niches à l'intérieur, ou au moins d'un *sacrarium* séparé, renfermant la statue de la divinité ; tandis que l'intérieur de la Maison-Carrée, régulièrement parementé, n'offre aucune trace d'une semblable disposition.

Le code Théodosien avait prescrit la démolition de tous les temples qui n'avaient point été consacrés au vrai Dieu (3). Théodose le Jeune renouvela cette loi destructrice sous peine de mort ; la disparition de ces sortes d'édifices prouve qu'en effet, cette loi fut rigoureusement exécutée. La conservation parfaite tant du Panthéon de Rome que de la Maison-Carrée de Nimes, ne semble-t-elle pas indiquer que ces deux monuments ne devaient pas avoir une destination religieuse? A moins qu'on ne suppose que sous ce rapport, comme pour la dimension de son temple, la ville de Nimes avait joui d'une faveur spéciale.

(1) Desgodetz, *Des Edifices antiques de Rome.*

(2) *Bulletin monumental*, t. VII, p. 271.

(3) D., t. I, l. 36 ou 397. — Leg. 10, l. XIX, *de pag sace temp.*

L'inscription découverte par M. Séguier, en l'admettant comme authentique, serait elle-même une preuve que la Maison-Carrée n'était pas un temple. Comment supposer, en effet, que pendant la vie des deux princes de la jeunesse, Caïus et Lucius, on eût poussé la flatterie jusqu'à leur élever un temple, lorsqu'Auguste ne tolérait qu'un monument portât son nom qu'autant qu'il avait été préalablement dédié à la fortune de Rome : ROMÆ.ET.AVGVSTO (1).

De pareils monuments n'étaient jamais consacrés qu'aux empereurs ou aux impératrices, et seulement après leur mort, car ce n'était qu'alors qu'ils recevaient le titre de *divus*, et qu'on instituait des prêtres ou des prêtresses pour le culte de ces nouvelles divinités. « On ne trouve pas d'exemple, dit un membre » de l'Institut (2), d'un temple consacré aux fils ou » aux petits-fils des empereurs pendant le règne de » ceux-ci, dont il fallait nécessairement avoir la per- » mission, et je doute fort qu'ils l'eussent voulu » donner. Quoique la ville de Pise n'oubliât rien pour » honorer la mémoire de Lucius et de Caïus, dont » le premier était son patron, elle ne leur éleva point » de temple, mais un simple cénotaphe avec un autel » pour y faire des libations, des offrandes et des » sacrifices funèbres. Parmi les monuments qu'Au- » guste et Livie consacrèrent à la mémoire de leurs » petits-fils, le principal que nous remarquons était » un bois d'arbres toujours verts, appelé *Nemus* » *cæsarum* (3). Nulle part on ne voit que des temples

(1) Suet., *in Aug.*

(2) M. de Sainte-Croix, *Magas. encycl.*, ann. 1re, t. II, p. 338.

(3) *Noris cenotaph. Pis*, c. XIII.

» leur eussent été consacrés, ni pendant leur vie » ni après leur mort. Les vifs regrets que la perte » de Germanicus causa dans l'empire, dont il était » la gloire et le soutien, ne firent pas imaginer de » pareilles consécrations, uniquement réservées aux » empereurs et aux impératrices. » Et cependant alors, comme aujourd'hui, la flatterie saisissait toutes les occasions de plaire à l'empereur!

Les marques publiques de vénération ou de reconnaissance, ayant pour but de faire passer à la postérité la mémoire d'un grand personnage, se témoignaient par un monument public élevé en son honneur, monument qui n'était ni sacré, ni saint, ni religieux : *Nullius autem res sacræ et religiosæ sed universales* (1), tels que théâtres, cirques, forums, amphithéâtres, pcrtiques ou basiliques.

C'cst ainsi qu'Auguste fit construire, à Rome, la basilique de Caïus et Lucius, les portiques de Livie, d'Octavie, de Lucius; les théâtres de Cornelius, de Balbus et bien d'autres, mais toujours compris dans la catégorie des *res universales*, qui appartenaient à la communauté.

Ce faisceau de probabilités nous paraît suffisant pour admettre que notre édifice, alors même qu'il aurait été consacré à Caïus et Lucius, ne pouvait être un temple.

Voyons maintenant si la Maison-Carrée pouvait être une basilique ?

(1) Valler, *de Locis publicis*, l. XXVII. — Procope, *Edific. de Justin.*

III.

La Maison-Carrée pouvait être une Basilique.

Outre la forme ordinaire de leurs temples, les Romains empruntèrent aux Grecs les édifices appelés *basiliques* dont ils conservèrent le nom. La destination de ces monuments est parfaitement connue : Salluste, Justinien, Apulée, Procope, nous apprennent qu'en Grèce, ils servaient à la fois de tribunaux, de lieux d'assemblée et de bourse, où se réunissaient les négociants pour traiter leurs affaires (1).

« Je plaidais pour un de mes amis, dit Apulée ;
» de telle sorte que ceux qui étaient autour de moi
» remplissaient, avec grande presse, la basilique
» *qui est le lieu de l'audience*, me requérant très-
» instamment de demeurer pour être fait citoyen
» avec eux. »

A Rome, les basiliques ne servirent probablement que de tribunaux ; car chez les Romains, le lieu où se réunissaient les usuriers était dans le forum, et les transactions commerciales se faisaient autour de ces arcs nommés *Janus*, destinés à abriter les vendeurs au milieu des marchés. On voit encore aujourd'hui, parfaitement conservé, celui qui était situé sur le *forum boarium* et qu'on appelle l'arc de Janus.

(1) *Erant basilicæ amplissima et ornatissima ædificia, in quibus non senatores modo deliberare, sed etiam judices omnis generis causas cognoscere et clientibus homines periti de jure respondere solebant, quando hi vocabant mercatores ibidem et munerarii sua tractabant negotia.* (Apulée, l'*Ane d'or.*)

Ces monuments constituaient une classe d'édifices usuels, étrangers à la Grèce, et qui appartenaient exclusivement aux Romains (1).

Quant à la disposition architectonique des basiliques romaines, comme il n'en existait pas une seule à Rome, on n'a eu, pendant longtemps, d'autres données à ce sujet, que la description faite par Vitruve de la basilique dont il fut lui-même l'architecte à Fano.

En conséquence, ce monument fut considéré comme le type des basiliques romaines, jusqu'à ce qu'enfin la découverte d'un de ces édifices à Pompéï, en 1813, fût venue démontrer que les dispositions assignées par Vitruve (2) n'étaient nullement applicables à toutes les basiliques, comme on l'avait supposé jusqu'alors, quant à leur plan.

Voici ce que dit cet auteur, relativement à la situation de ces monuments : « La basilique doit être » située au midi du forum, décorée intérieurement » de deux portiques, l'un inférieur l'autre supérieur, » soutenus par des colonnes ou des pilastres. A l'une » de ses extrémités, s'élève un tribunal demi circu- » laire pour la place des magistrats.... Outre les » portiques intérieurs, il doit aussi y en avoir, à » l'extérieur, un entouré de murailles lequel sert » aux marchands pour se mettre à l'abri de la mau- » vaise saison (3) ; la prison, l'ærarium, l'auditoire » doivent se trouver sur le même emplacement (4). »

(1) J.-J. Ampère, *Revue des Deux-Mondes*, 15 juin 1855, p. 1215.

(2) Vitr., l. v, c. 1er.

(3) Val., *De loc. publ.*, l. VIII, c. 1er.

(4) Cette dernière circonstance semble démontrée par ce que dit un historien du XIIe siècle qui confond, en quelque sorte,

Il y a évidemment beaucoup d'analogie entre la basilique de Pompéï et celle que Vitruve fit construire à Fano : elles étaient, l'une et l'autre, placées au midi du forum, ayant leurs portiques tant à l'intérieur qu'à l'extérieur, et à l'une de leurs extrémités le tribunal, *locus excelsus* (1), où se plaçaient le préteur et le juge ; il y avait, toutefois, dans cette partie, une différence essentielle : c'est qu'à Pompéï, ce tribunal est rectangulaire, tandis qu'il se terminait en segment de crête dans la basilique de Fano ; cette différence est d'autant plus importante qu'avant la découverte du monument de Pompéï, on avait posé en principe qu'un des caractères distinctifs des basiliques était d'avoir leur tribunal construit en hémicycle : considération qui n'avait pas peu contribué à faire rejeter l'idée que la Maison-Carrée n'avait pu être une basilique.

A trois mètres au dessous du tribunal, on remarque, à la basilique de Pompéï, une pièce voûtée destinée à servir de prison ; elle est éclairée par deux trous circulaires placés sur le pavé même du tribunal ; c'est par ces ouvertures grillées qu'on inter-

la prison publique avec la basilique : *carcer publicus qui prætorium vocatur* : parce qu'en effet le nom de *prætorium* est celui que les Latins donnèrent, plus tard, à la basilique, mot d'origine grecque. (*Annales*, t. III, *Vie de Michel Stratrasius.*)

Elles ont été ainsi appelées parce que, dans le principe, elles étaient faites pour assembler le peuple lorsque les rois rendaient eux-mêmes la justice ; ensuite, quand elles furent abandonnées aux juges, les marchands s'y rendaient aussi, et enfin on les a prises pour servir d'églises aux chrétiens. (Perrault, trad. Nisard, p. 232.)

(1) *Pandectes*, l. VIII, t. III, art. 3.

rogeait le prévenu renfermé dans le souterrain (1). Cette disposition vient à l'appui de ce que dit l'historien grec (2) que la prison se trouvait placée dans la basilique ; ce n'est donc pas sortir de notre sujet que de dire quelques mots sur cette espèce d'établisse-chez les Romains.

D'après Tite-Live : « Le roi Ancus fut le premier » qui fit bâtir une prison pour effrayer une audace » qui allait toujours croissant ; il la mit dans un lieu » dominant le forum (3). Elle était divisée en deux » parties : la première s'appelait *Robur* et la seconde » *Tullianum* ; l'une était destinée à ce genre de mal- » faiteurs qu'auparavant on enfermait dans des » espèces de cages en bois de chêne peint en rouge, » d'où elles avaient pris le nom de *Robur*.

» L'autre, le *Tullianum*, tirait son nom du roi » Servius Tullius qui l'avait fait ajouter à celle qu'on » appelait *Robur* ; c'était un cachot à gauche de ce » dernier, profond de 12 pieds, enceint de murs » et recouvert d'une voûte en pierres brutes, téné- » breux, puant autant que hideux. Les triumvirs, » juges des affaires criminelles, étaient les adminis- » trateurs de cette prison et y faisaient la police, » ayant sous leurs ordres un greffier-concierge (4).

Pour terminer tout ce qui est relatif aux basiliques

(1) On voyait encore, il y a peu d'années, une semblable disposition dans la salle du saint-office, à Avignon.

(2) Zonnara, t. III, *Vie de Michel Stratrasius*.

(3) Tite-Live, l. IX. — *Pandectes*, l, LXVIII, t. III, art. 3. — Le robur était une espèce de chêne plus dur que le chêne ordinaire.

(4) *Ut enim carcere locus tullianum appellatur ubi paullulum adscenderes ad lævam circiter duodecim pedes humi depressus*

romaines, nous devons ajouter que les édits publiés par les empereurs, depuis Constance jusqu'à Théodose, ne comprenaient point ces monuments dans la proscription des temples païens; au contraire, ils rendirent des ordonnances portant : *Les basiliques » seront enrichies de marbres et d'or ; elles doivent » rester libres à jamais, sans qu'il soit permis à » aucun de faire pourtraire ou graver aucune image, » gestes ou chiffres ni devises dont chacun pourrait » s'imaginer particulièrement en soi-même* (1). » La basilique, édifice purement civil, n'offrait pas les mêmes inconvénients que les temples consacrés aux faux dieux ; sa disposition était très-favorable au culte chrétien. Le siége du juge devint la chaire de l'évêque tournée vers le peuple, comme on le voit dans toutes les églises anciennes ; position qu'elle a conservée à Saint-Pierre, et qu'on vient de renouveler à l'église Saint-Paul, rebâtie après un incendie, C'est pourquoi cette partie de l'église chrétienne a reçu le nom de *tribune*, à cause du tribunal qui y était anciennement placé. La disposition de la basilique fut trouvée si commode qu'après l'avoir empruntée, on l'imita longtemps dans les églises dont plusieurs ont même conservé le nom de *basilique* sans en avoir gardé la forme (2).

« Dans le principe, dit un historien du IVe siè- » cle (3), on tenait, dans les basiliques de Constantin,

Eum muniunt undique parietes atque in super camera lapideis fornicibus vincta sed inculta tenebris odore fœda atque terribilis ejus facies. (Salluste, *Guerre Catilina*, p. 50.)

(1) Saint Jérôme, ép. contre Viglantius,

(2) J.-J. Ampère, *Revue des Deux-Mondes*, 15 juin 1855, p. 1515.

(3) Ammien Marcellin, l. XVIII, *Des Histoires*.

» les assemblées publiques, selon l'usage des anciens, » de même que les assemblées des chrétiens qui » conservèrent non seulement les mêmes dispositions, mais encore le nom du monument primitif; » de telle sorte que, pour les distinguer, on disait : » la basilique du sénat ou la basilique de l'église (1).

Après avoir démontré que les dimensions de la Maison-Carrée, son état de conservation et les usages des Romains s'opposaient à ce que cet édifice fût considéré comme un temple, examinons si l'on ne découvrirait pas, dans ses dispositions architectoniques, les éléments qui pourraient constituer l'*opus mirabile* dont parle Spartien, cette basilique élevée à Nimes par la reconnaissance d'Hadrien à sa bienfaitrice ?

Si les décisions des antiquaires sont parfois aventureuses, souvent aussi l'avenir les confirme. La description que fait Vitruve des anciens forums, entourés de larges portiques, laissant entre eux une vaste place, avait fait supposer à M. Alphonse de Seynes que les fouilles exécutées, en 1822, autour de la Maison-Carrée, mettaient à découvert l'antique forum de Nimes. Les travaux qui ont eu lieu postérieurement aux environs de cet édifice ont confirmé les conjectures de notre regrettable confrère, et la comparaison qu'on peut faire aujourd'hui du plan de notre forum avec celui de Pompéï, démontre que l'opinion de M. de Seynes était bien fondée.

La Maison-Carrée était placée au midi du forum de Nimes, situation que Vitruve assigne aux basi-

(1) Saint Jérôme, l. v, ép. 30, 31, 32. — Saint Ambroise, l. v, ép. 29.

liques. L'architecte romain ajoute, il est vrai, que ce sont de vastes salles décorées intérieurement, ainsi qu'à l'extérieur, de portiques à colonnes avec un tribunal en hémicycle ; mais la basilique de Pompéï nous prouve que cette dernière disposition n'était pas générale. Il serait alors superflu de chercher à démontrer que la forme demi-circulaire aurait très-bien pu exister à l'intérieur de l'édifice, comme semblerait l'indiquer le souterrain que nous avons décrit et qui a lui-même cette forme. Quant au portique extérieur, il a été découvert en 1822 ; de sorte que la seule objection qu'on puisse faire à l'opinion qui voudrait voir une basilique dans la Maison-Carrée, c'est l'absence du portique intérieur que l'exiguité du local, dit-on, ne saurait comporter.

Mais la ville de Pompéï n'offre-t-elle pas aujourd'hui plusieurs exemples de temples d'une plus petite dimension, entre autres ceux de Jupiter et de Neptune, dont l'intérieur est décoré d'un portique? Et sans aller chercher si loin des exemples, qu'on veuille bien se rappeler que la salle de cour d'assises qui existait à Nimes il y a peu d'années avait été exécutée par l'architecte de la ville, M. Durand, sur le modèle de la basilique romaine, ayant à l'intérieur son portique supportant des tribunes, et son tribunal demi-circulaire, et cependant la superficie de cette salle était bien moindre que celle de la Maison-Carrée. Enfin, si l'on jette les yeux sur le plan de ce dernier édifice (1), après que les Augustins l'eurent transformé en église chrétienne, on verra qu'il renfermait

(1) Le plan donné à ces religieux par le ministre Colbert est en ma possession, et j'ai été témoin de la démolition de leur église.

quatre chapelles, deux sacristies, deux escaliers, un chœur demi-circulaire et des tribunes : constructions bien autrement massives que de simples colonnes, et nous nous rappelons très-bien que la nef était encore suffisamment spacieuse.

Un portique a donc pu exister à l'intérieur de la Maison-Carrée, et si les colonnes dont il était formé ne se retrouvent plus aujourd'hui, c'est que, lors de l'établissement du christianisme, les architectes puisaient dans les monuments antiques les matériaux dont ils se servaient, bien souvent sans discernement, pour décorer les temples chrétiens. On doit bien penser que, sous ce rapport, la ville de Nimes a dû être largement exploitée. L'histoire va nous en fournir la preuve. Charlemagne donna l'ordre de dépouiller les monuments antiques de Nimes *des colonnes de marbre qui les décoraient* pour orner le monastère d'Aniane : *Anno* DCCCXII (Karolus) *a parte meridiana prope littora maris Magdalonensis, in honorum Domini nostri J.-C. seu perpetuæ virginis Mariæ genitrix, cujus basilicas composuit auroque et argento adornavit ad cujus structuram cum columnas et marmora habere non possit, Nemauso civitate cum magna diligentia adduci præcepit, et collectis thesauris suis de regnis singulis in Aniana monasterio adduci præcepit nec non lignis* ††† *Dominicis, et opera multa et magna in eodem loco composuit* (1). Cette ordonnance ne pouvait être appliquée qu'à la Maison-Carrée,

(1) *Extrait des Annales d'Aniane, Histoire du Languedoc*, t. II, preuve 1re, p. 590, colonne 1re, 3e alinéa de l'édition in-8° de du Mège.

seul monument romain que les Vandales eussent laissé debout (1).

Si la Maison-Carrée était, en effet, la basilique de Nimes, il est évident que ses souterrains devaient avoir la même destination que ceux de la basilique de Pompéï; leur disposition se trouvait, de plus, conforme à celle des prisons romaines décrites par Salluste: le *robur, sous le vestibule, à douze pieds de profondeur, et à gauche le tullianum ténébreux, couvert d'une voûte en pierres brutes.* Le puits qui se trouve ici placé entre les deux prisons aurait été destiné à leur usage, et peut-être aussi à l'écoulement des eaux pluviales qui tombaient dans la basilique même, si, comme à Pompéï, le milieu était découvert, ce que la destruction totale de l'antique pavé ne permet plus de vérifier.

On objectera peut-être que si la Maison-Carrée était trop grande, considérée comme temple, elle était, par contre, bien petite pour la destination que nous prétendons lui assigner. Cela pourrait être vrai, si l'on admettait que les dix-neuf basiliques que possédait la ville de Rome (2) et celles de toutes les autres villes de l'empire avaient les dimensions des basiliques de Pompéï ou de Fano; mais il ne faut pas perdre de vue que, dans le principe, ces monuments servaient en même temps de prétoire et de lieu de réunion, où se rendaient les négociants d'une ville

(1) Les colonnes qui décoraient la façade de l'église de Saint-Gilles pourraient bien aussi avoir été empruntées aux monuments romains de Nimes.

(2) Publ. Victor, *De Bello urb. rom. regionibus.* — Rosinus, p. 893.

pour traiter leurs marchés, comme aujourd'hui dans nos bourses de commerce ; que c'est particulièrement sous ce dernier rapport qu'un vaste local devenait nécessaire et même indispensable, tandis qu'affectée exclusivement aux affaires judiciaires, la *cella* de la Maison-Carrée était plus que suffisante pour sa destination. On peut en juger, comme nous l'avons déjà dit, par le local qu'occupait, il y a quelques années, la salle de la cour d'assises de Nimes qui, malgré les places réservées aux jurés, aux témoins, aux prévenus, suffisait cependant aux nécessités d'une localité plus importante que ne l'étaient les seules villes de Fano ou de Pompéï. Nous savons d'ailleurs que, chez les Romains, il y avait, comme de nos jours, de petits tribunaux où les juges pédanés tenaient leurs audiences ; tribunaux fort exigus sans doute, puisqu'ils faisaient dire à Tacite : « Quel nerf n'ont » point ôté aux discours ces tribunaux étroits et ces » salles obscures où maintenant se discutent la plu- » part des affaires ! (1) »

C'était au point de vue de leur utilité comme bourses de commerce, plutôt qu'en qualité de prétoires, que les basiliques avaient besoin d'être vastes, car les villes de Fano et de Pompéï étaient les plus commerçantes de toute l'Italie. La première, au nord du golfe Adriatique, était l'entrepôt général du nord de l'Europe, et l'autre, que Sénèque appelait *celebrem Campaniæ urbem*, située dans une plaine fertile à l'embouchure d'un fleuve (2) avec un port

(1) Tacit., *Annales*.

(2) Le Sarno, que l'éruption du Vésuve a changé en petit ruisseau, l'an 79 de notre ère.

signalé par Strabon comme le plus sûr de toute la Méditerranée, dans lequel séjournaient les flottes romaines (1). Pompéï était devenue, par cette heureuse position, le centre du commerce du Levant et de l'Italie. On ne doit donc pas s'étonner que des villes aussi favorablement situées possédassent des basiliques dont les dimensions fussent en rapport avec leur importance commerciale.

Mais dans les villes méditerranées, surtout dans les colonies, où le commerce n'était jamais fort considérable, dans lesquelles les basiliques servaient plus particulièrement de prétoire que de bourse (2), on ne doit pas admettre que ces édifices fussent aussi vastes qu'à Rome ou dans les villes maritimes. Probablement les affaires qui se jugeaient à Nimes n'étaient pas de nature à comporter une salle plus spacieuse que celle de la Maison-Carrée ; nous ajouterons que, dans des fouilles nouvellement exécutées à Ortricoli, on a découvert une basilique bien plus petite que celle de Nimes (3).

L'opinion qui fait de la Maison-Carrée la basilique de Plotine n'est pas nouvelle ; déjà depuis longtemps les historiens Poldo d'Albenas (4), Gautier (5), Maffei (6), l'avaient pensé avant nous, alors qu'ils ne connaissaient pas encore tous les rapports qui exis-

(1) Tite-Live, l. IX.

(2) J.-J. Ampère, *Revue des Deux-Mondes*, 15 juin 1855, l. 1515.

(3) Batissier, p. 340.

(4) *Discours historial de l'antique cité de Nimes*, p. 73.

(5) *Histoire de Nimes et ses antiquités*, p. 43. Gautier,

(6) *Gall. Ant. Select.*, p. 152, Scipion Maffei.

tent entre ce monument et ceux auxquels les Romains donnaient le nom de basilique.

Les beaux fragments d'architecture trouvés sur l'emplacement du Palais de Justice avaient fait supposer à Ménard (1) que ces magnifiques restes avaient appartenu à cette basilique, de superbe et admirable structure; que l'an 122, à son retour de la Grande-Bretagne, Hadrien, à son passage à Nimes, avait fait élever à la mémoire de Plotine, sa bienfaitrice (2). Comme, d'un autre côté, on argumentait, d'un passage de Dion Cassius, qu'Hadrien avait aussi fait construire à Nimes, l'an 129, après la mort de Plotine, un temple en l'honneur de cette princesse, Ménard avait émis l'opinion que la Maison-Carrée pouvait bien être ce temple ; mais il se crut obligé de l'abandonner après la lecture faite par M. Séguier de l'inscription qu'avait dû porter le monument.

En supposant qu'on ne veuille tenir aucun compte de ce que nous avons dit pour démontrer que notre édifice n'était pas un temple, la première supposition de l'historien de Nimes n'en serait pas moins fondée, nous le croyons du moins, sur une fausse interprétation du passage de Dion Cassius ou de son abréviateur, Xyphilin, qui dit : « Hadrien s'honora hau-
» tement de la mémoire de Plotine, par le moyen de
» laquelle il avait obtenu l'empire et qui l'avait si ar-
» demment aymé durant sa vie ; car, par l'espace
» de neuf jours, il porta une robe noire en signe de
» deuil; *et fit édifier un temple à son honneur*, et

(1) Ménard, *Histoire de Nimes*, t. VII, p. 113.
(2) Spartian, *in Had.*, p. 6.

» composa lui-même quelques hymnes et vers à sa » louange » (1).

Voici, par contre, ce que dit l'historien de ce prince relativement à l'édifice qu'il fit construire à Nimes :

« Après avoir mis ordre aux affaires d'Angleterre, » il passa dans les Gaules, ému de la révolte qui s'était » élevée à Alexandrie à cause de la découverte du » bœuf Apis, perdu depuis plusieurs années, et qui » avait été l'occasion de vifs débats entre les peuples » qui se le disputaient en l'envi. *A la même époque,* » *il fit bâtir, à Nimes, en l'honneur de Plotine,* » *une basilique qui est une œuvre admirable.* Après » cela, il prit la route d'Espagne, et passa l'hiver » en Aragon » (2).

Ce sont là les seuls documents historiques dans lesquels il soit fait mention de monuments élevés par Hadrien à l'honneur de sa mère adoptive. On ne peut s'expliquer comment des passages aussi clairs et aussi précis ont pu être l'objet d'interprétations différentes.

(1) *In quo mirandum non est si Plotina vita functa, cujus opera quod ab ea maxima amaretur; imperium adeptus erat, amplissimos honores tribuit. Atractus enim per novem dies fuit, eique templum extruxit et carmina de laudibus ejus fecit.* (Xyphit, 560, ép. *in Hadr.*, c. XIV, p. 285. (*Traduction d'Ant. de Bandole*, Paris, 1610.)

(2) *Compositis in Britannia rebus, transgressus in Galliam, Alexandrina seditione turbatus, quæ nata est ab Apin : qui quum repertus esset post multos annos turbas inter populos creavit, apud quem debent locari omnibus studiose certantibus Per idem tempus, in honorem Plotinæ basilicam apud Nemausu opere mirabili extruxit; per hæc, Hispania petit et Tarrasco hiemavit.* (Spartian, p 54.)

D'après nos meilleurs chroniqueurs (1), ce fut l'an 876 de Rome (122 de Jésus-Christ) qu'après avoir réglé les affaires de la Grande-Bretagne, Hadrien traversa la Gaule pour se rendre à Rome. A cette époque, *per idem tempus*, nous dit son historien, il fit élever à Nimes une basilique, *opus mirabile*, à l'honneur de Plotine; et pour que le choix de cette ville ne paraisse pas étonnant, le même auteur ajoute quelques pages plus loin (2) : *In omnibus pene urbibus et aliquid ædificavit et ludos edidit.* Il ne peut donc pas exister la moindre équivoque sur le texte de Spartien : *Ce fut l'an 122 qu'Hadrien fit* construire à Nimes une basilique à l'honneur de Plotine.

Selon l'historien grec, l'an 129, époque de la mort de cette impératrice (2), Hadrien fut si vivement affecté de ce fatal événement qu'il en porta le deuil pendant neuf jours; qu'il consacra un temple à cette princesse, et composa lui-même des hymnes en l'honneur de celle qui l'avait tant aimé et que la mort plaçait au rang des divinités.

N'est-il pas évident que Spartien et Dion Cassius désignent chacun un édifice de nom, de destination et d'époque différents ? Le premier indique positivement *une basilique construite à Nimes l'an 122 de Jésus-Christ;* le second parle d'un *temple consacré sept ans plus tard, dans un lieu quelconque*, par le même empereur; mais rien n'indique que ce dernier a aussi été construit dans la ville de Nimes, comme l'ont supposé plusieurs historiens (3).

(1) Tillemont, *Histoire de l'Empire*, t. II.
(2) P. 54.
(3) Poldo d'Albenas, p. 63 et suivantes ; Rulman, *Manuscrit*

A l'époque de la mort de Plotine, Hadrien se trouvait en Afrique, occupé à rebâtir Carthage ; il est vraisemblable que ce fut là, dans une ville nouvelle, son ouvrage, et qui devait porter son nom, qu'il plaça le monument de douleur et de gratitude mentionné par Dion, et qu'il fit l'apothéose de Plotine dans la ville où il se trouvait alors, plutôt que dans une cité qu'il avait quittée depuis sept ans, dans laquelle il existait déjà un témoignage éclatant de ses sentiments pour son illustre bienfaitrice (1).

Ce qui a pu faire supposer aux historiens de Nimes que c'était bien dans cette ville que le successeur de Trajan avait fait élever à Plotine les deux édifices que l'histoire attribue à ce prince, c'est un passage de la vie d'Hadrien dans lequel un auteur espagnol du XVI siècle (2), traduisant sans intelligence les deux passages de Spartien et de Dion Cassius que nous venons de citer, confond les temps et les lieux, en considérant comme des faits contemporains la

de la bibliothèque de la ville; Deyron, p. 89 à 95; Gautier, p. 41 à 44, 47, 48; Ménard, t. VII, p. 3.

Maffei, étranger à la ville de Nimes, prétend, au contraire, qu'il n'y a jamais eu à Nimes deux monuments bâtis par Hadrien, mais un seul, auquel Spartien et Dion Cassius ont donné des noms différents, ou par méprise, ou parce qu'éloignés de Rome, ils étaient peu instruits de ce qui se passait à Nimes. (Maffei, *Gall. ant.*, p. 153.)

Un autre monument public a bien pu être dédié à Plotine; mais ce serait par la petite république de Nimes, et non par Hadrien. (*Mémoires de l'Académie du Gard*, an 1858-1859.)

(1) *Mém. de l'Académie du Gard*, an XIII, p. 339.

(2) *Décade contenant les vies des empereurs romains, traduit de l'espagnol* (*dom Antonio de Guevara*, par Allègre, faisant suite à la traduction de Plutarque, par Amiot), Paris, in-12, 1811, t. XII, p. 177.

mort de Plotine et le retour d'Hadrien de la Grande-Bretagne. C'est probablement dans l'intérêt de cette opinion que fut inventée l'inscription citée par Poldo d'Albenas, p. 68, qui était, dit-il, *à Aix, en Provence, en la maison du premier président qui l'avait recouvrée de Jean Fléchier, médecin*. Inscription que les savants du XVIIe siècle, « Scaliger, Gruter et » Saumaise ont reconnue fausse; et, en effet, outre » qu'on n'a pas vu l'original, c'est qu'elle est tirée, » presque mot à mot, de ce que Dion et Spartien » ont dit » (1).

Il résulte de ce qui précède que la Maison-Carrée n'était point un temple ; que son ordonnance pouvait fort bien s'appliquer à une basilique et que l'empereur Hadrien n'avait pas fait construire, à Nimes, en l'honneur de sa mère adoptive, une basilique et un temple : or, comme l'importance de cette ville ne comportait pas l'établissement de deux basiliques, il faudrait en conclure que la Maison-Carrée était bien l'édifice dont parle Spartien, et que l'inscription primitive du monument était une dédicace à Plotine.

Dans cette hypothèse, les trous de la frise dont M. Séguier n'a pu expliquer l'emploi (2) auraient été applicables à la première inscription, et la découverte de notre savant antiquaire aurait été l'objet d'une seconde inscription postérieure à l'époque que lui assigne M. Séguier et en harmonie avec l'architecture du monument.

Nous allons essayer de déterminer quelle pouvait être cette seconde inscription.

(1) Spon., *Recherches curieuses d'antiquités*, p. 166.
(2) Poldo d'Albenas, p. 68.

IV.

La Maison-Carrée était la Basilique de Plotine.

Peiresc fut le premier qui eut l'idée de faire revivre les inscriptions qui, ayant été détruites, n'ont conservé que les trous des crampons qui retenaient les lettres dont elles se composaient. On cite, dans la vie de ce savant, l'application qu'il fit de cette idée à une inscription du temple d'Assise, portant : IOVI. OPT.MAX. On y parle également du projet qu'avait Peiresc de faire l'application de sa méthode à la Maison-Carrée de Nimes (1). L'abbé Barthélemy eut aussi la même intention, et, à cet effet, il fit demander à M. Seguier, par l'entremise de son ami Graverol, un calque de ces trous (2).

Le 10 mars 1758, M. Séguier écrivait à ce dernier, alors à Paris :

« Quoique je sois d'une santé assez faible, je me » suis senti assez de forces pour faire ce que M. » l'abbé Barthélemy désire. Je vous envoie la copie » exácte des trous qui sont à l'architrave de notre » Maison-Carrée, d'après un dessin que j'en fis, il » y a plus de trente ans, et que j'ai vérifié hier sur » l'original. Je vous prie de le lui présenter et de » lui dire combien je suis charmé de lui être utile. » Je ne doute point que l'étendue de son savoir et

(1) *Vie de Peiresc*, par Requien, p. 84.

(2) M. Seneider lut, par ce moyen, l'inscription du temple de Vienne (Isère).

» de ses connaissances ne lui fasse découvrir l'usage » de ces trous, qui, à mon avis, n'ont jamais servi » pour les lettres d'une inscription. J'ai, sur cela, » des idées qu'il serait trop long de vous détailler, » et dans lesquelles je me suis encore plus confirmé » depuis que j'ai examiné de près les anciens édi- » fices d'Italie. »

Malgré cette prévention, le 17 août de la même année, M. Séguier s'occupa sérieusement de cette inscription, et quelques jours après, 28 août, il écrivait à Ménard, alors à Paris, tous les détails de sa découverte (1).

« C'est autant à vous qu'à moi, disait-il, que l'on » est redevable de la découverte de cette inscription, » puisque c'est à vos prières réitérées que messieurs » les consuls ont fait faire l'échafaud qui m'a mis » à portée de calquer les trous sur l'original, et d'en » faire un dessin exact (2).

» Ce fut le 17 et le 19 de ce mois que j'y montai, » et après avoir calqué, trou par trou, comme vous » le voyez par le dessin que je vous envoie, j'en » étalai, dans une chambre, toutes les feuilles, et à » peine les vis-je, que je m'aperçus que les trous de » l'architrave pouvaient former des lettres. Malgré » la prévention contraire où j'étais, je vis claire- » ment des v, des I; le dernier mot fut celui auquel » je m'attachai davantage, comme celui qui me » paraissait le plus distinct : je n'eus pas de peine

(1) Je possède l'original de cette lettre, où se trouvent tous les détails mentionnés dans sa *Dissertation sur l'inscription de la Maison-Carrée* (Paris, 1759, in-8°).

(2) Ce dessin existe à la bibliothèque de la ville de Nimes.

» à y trouver IVVENTVTIS. Je fis passer en même temps » les jambages des lettres qui composaient ce mot » sur les trous qui me les représentaient, et je fus » charmé de voir qu'ils y répondaient exactement.

» Cette première découverte me mena bientôt » vite ; je m'aperçus que le mot précédent finissait » par VS, qu'il y avait un point qui le terminait, » et que ce même mot commençait par un P. Je » supposai d'abord qu'il y avait PRINCIPI ; mais voyant » que ce mot était trop court, et ne pouvait se » terminer que par VS, j'essayai d'y mettre PRINCI- » PIBVS, et vis aussitôt que ma conjecture était heu- » reuse, et qu'en faisant passer les lettres de ce mot » par les trous convenables, ils s'y adaptaient exac- » tement ; le point qui séparait ces deux mots était » précisément à l'endroit qu'il fallait. Ces deux mots » découverts me rappelèrent d'abord les enfants » d'Agrippa, et fils adoptifs d'Auguste. Je m'écriai : » *l'inscription est découverte !* Mais comme il était » déjà tard et que j'étais fort fatigué ce jour-là, je » remis au lendemain 21 à y penser. A peine me » fus-je donc remis à l'examiner que j'y trouvai clai- » rement les mots : L. CAESARI. AVGVSTI. F. COS ; le » reste vint à la suite, et dans moins d'une heure, je » la lus en entier. Je dessinai sur les trous les lettres » de l'inscription que je venais de deviner ; mon » étonnement croissait à mesure que je les traçais. » A peine eus-je fait l'esquisse que j'y vis, à ne pou- » voir en douter :

C. CAESARI. AVGVSTI. F. COS. L. CAESARI. AVGVSTI. F. COS. DESIGNATO
PRINCIPIBVS. IVVENTVTIS

» Que de faux préjugés, me dis-je à moi-même,

» n'avions-nous pas sur ce beau monument! Que » c'était une basilique, celle dont parle Spartien, » consacrée à Plotine; que c'était un capitole, etc. » Toutes ces fausses idées disparurent à la vue de » cette inscription. Le mécanisme des trous et des » lettres qui s'y rapportaient ne permettaient pas » de douter que mon interprétation fût fausse; en » vain essayais-je d'en substituer une autre qui n'y » convenait pas. Si, par quelque effort d'imagination, » je trouvais la combinaison de quelques trous qui » parût former des lettres ou des syllabes différentes, » ceux qui précédaient ou qui suivaient ne pouvaient » convenir qu'aux lettres que j'avais tracées. Je fus » obligé, par force, à me fixer à la première signifi- » cation. Aussitôt que j'en fus bien assuré, j'en fis part » à quelques amis, gens de lettres; le bruit s'en étant » répandu, une quantité de personnes s'empressè- » rent de s'informer comment je m'y étais pris, et » pour se convaincre encore mieux, elles voulurent » voir les dessins et le mécanisme de mon explica- » tion, puisque ce mécanisme servait de démonstra- » tion à mes conjectures. Elles m'en parurent satis- » faites; votre suffrage va persuader au public que » j'ai deviné.

» Je vais vous faire part de quelques remarques » qui servent pour l'intelligence du dessin. Il faut » d'abord observer que les ouvriers qui firent les » trous se méprirent souvent et ne les firent pas dans » la place qu'il convenait pour recevoir les tenons » des lettres; ils étaient trop haut ou trop bas et hors » de la distance nécessaire. De là il arriva qu'il fallut » en faire d'autres auprès des premiers, et en les » multipliant, on ne fit qu'augmenter la difficulté de

» deviner l'inscription par le seul emplacement et » faire soupçonner qu'il n'y en avait point. L'E, par » exemple, du mot CAESARI, a neuf trous tandis » qu'il n'en fallait que quatre ; l'I du mot DESIGNATO » en a cinq, tandis qu'il n'en fallait que deux, et » ainsi de quelques autres lettres.

» L'uniformité des trous pour attacher les lettres » qui sont les mêmes n'est pas constante : *le pre-» mier* C *tenait par un seul tenon, les autres en » avaient trois;* l'N n'en a une fois que deux, une » autre fois trois et ailleurs quatre ; l's en a presque » toujours trois, quelquefois deux ; l'on avait fait aussi » des trous transposés comme au mot AVGVSTI, » où il y avait ceux du V à la place de ceux de l'A. » Tous ces doubles trous ne faisaient qu'embarrasser » pour en faire l'explication. Il y a apparence qu'on » les boucha, quoiqu'on ne puisse pas s'en assurer » aujourd'hui ; mais toutes ces méprises ne donnent » aucune atteinte à l'inscription : le dessin fidèle » que j'en ai fait et ce que je dirai ensuite vous » empêcheront de soupçonner qu'elle n'était pas la » véritable.

» Pour avoir ces trous dans leur vrai emplacement, » je noircis avec du crayon noir fort tendre l'extré-» mité de chaque trou ; j'y présentai ensuite des » feuilles de papier de la même hauteur que la frise » et je pressai fortement le papier sur chaque trou » qui s'imprimèrent en calquant sur le revers des » feuilles et s'y placèrent selon leur rang. Je piquai » avec une épingle le papier au centre de chaque trou, » ce qui me marqua, sur le côté droit des feuilles, » leur place, et me permit de les dessiner autour de » ce centre de la même forme qu'ils avaient sur

» l'original. Cela fait, je lavai à l'encre à la Chine » l'espace enfermé par les lignes que j'avais tracées, » et j'eus par là un dessin figuratif et fort exact de » tous les trous de la frise et de l'architrave. J'ai voulu » vous en marquer tout le procédé afin de vous faire » connaître mon exactitude. Après avoir deviné l'ins- » cription, je traçai au crayon les lettres que j'ai » marquées par des points pour les rendre plus frap- » pantes, et afin que vous voyiez qu'elles répondent » partout à l'emplacement qui leur convient....

» Je ne doute point que M. Barthélemy, s'il eût » eu ce dessin exact, n'eût aperçu beaucoup plus tôt » que moi cette inscription, rien n'échappe à des » yeux aussi pénétrants que les siens, etc., etc.

» Je passe à présent aux détails des lettres de l'ins- » cription » (1).

Nous devons dire que la seconde ligne de l'inscription dont les lettres enjambent sur deux faces de l'architrave, offre peu de trous étrangers, qu'ils s'y trouvent, au contraire, si nettement tracés que l'œil le moins exercé peut, du pied de l'édifice, distinguer parfaitement toutes les lettres dont se composent les deux mots PRINCIPIBVS.IVVENTVTIS.

Or, pour un homme aussi versé dans l'étude de l'antiquité, la lecture de ces deux mots était la clé de l'inscription, et M. Séguier, avec raison, pouvait s'écrier : Ευρηκα! car elle n'était plus applicable qu'à

(1) Je crois inutile de rapporter ici ces détails qui se trouvent dans la *Dissertation de M. Séguier sur l'inscription de la Maison-Carrée* (Paris, 1759, in-8°).

Le calque original de ces trous, je le répète, se trouve à la bibliothèque de la ville, sous le numéro 13,807.

des princes de la jeunesse ; il ne restait plus alors qu'à choisir entre Caïus et Lucius, fils d'Agrippa ; Titus et Domitien, enfants de Vespasien ; Marcus et Lucius, héritiers d'Antonin, et Caracalla et Geta, fils de Septime Sévère.

Il résultait clairement de cette dernière considération que la légende ne pouvait plus s'appliquer qu'aux enfants d'Agrippa ou aux fils adoptifs d'Antonin, car il fallait nécessairement que le second prince de la jeunesse, auquel se rapportait l'inscription, eût nom *Lucius,* puisque, d'après M. Séguier, les mots : L. CAESARI. AVGVSTI. F. COS. étaient fort clairement indiqués sur la pierre, et que la lettre L, en particulier, avait laissé sa trace (1).

M. Séguier proposa, de prime-abord, les petits-fils d'Octave, et cette opinion fut généralement adoptée. Nous devons faire remarquer toutefois qu'il crut devoir signaler l'irrégularité qu'offrait dans sa pose le sigle C de *Caïus* qui n'était fixé que par un seul tenon, lorsque cette même lettre en avait trois partout où elle se trouvait (2).

Dans l'intention d'appliquer à l'arc d'Orange la méthode employée par M. Séguier, nous avons calqué, sur un canevas, les trous que porte la frise de ce monument ; mais avant d'essayer de reconstituer les

(1) M. Séguier indique encore quelques autres lettres ayan laissé des traces sur la pierre de la frise A. G. I. O.

(2) Il existe, dans notre Nymphée, une inscription romaine dont les lettres n'ont que 16 centimètres de hauteur, c'est-à-dire la moitié moins forte que celles de la Maison-Carrée, sur laquelle cependant la lettre O est partout fixée par trois tenons, alors même que cette lettre se trouvait incrustée d'un centimètre dans la pierre.

lettres de son inscription, nous avons voulu nous exercer à cette étude, en cherchant à interpréter celle de la Maison-Carrée, comme si déjà elle n'avait pas été découverte.

Pour ne pas nous laisser influencer par la respectable autorité du maître, nous avons reproduit le calque qui lui avait servi de guide, abstraction faite des lettres tracées par M. Séguier, afin de les étudier par les seuls vestiges qu'elles ont laissés, sans suivre même une marche régulière dans ce travail (1).

Nous avouons, avec franchise, qu'un esprit de critique n'était point étranger à la recherche que nous allions faire et que néanmoins, malgré cette prévention, nous avons été forcé de reconnaître l'exactitude de l'inscription Séguier, tant dans son interprétation que dans les motifs des trous inutiles que notre savant attribue à la maladresse des ouvriers, soit enfin en reconnaissant avec lui qu'en effet, la première lettre C était fixée d'une manière insolite et contraire à la solidité. Cette dernière bizarrerie, à laquelle M. Séguier n'a pas cru devoir s'arrêter, est, selon nous, le seul point vulnérable de son interprétation.

Quoi qu'il en soit, tout le mérite de la découverte appartient exclusivement à l'antiquaire nimois ; il a seul deviné que les trous placés sur la frise de la Maison-Carrée recélaient une inscription qu'il est parvenu à faire revivre, en démélant, dans la confusion de ces trous, des caractères qui n'existent plus.

L'opinion d'un épigraphiste aussi distingué que

(1) Voyez ma notice sur cette inscription dans le Xe volume de 1834 des *Mémoires des Antiquaires de France*.

M. Séguier suspendit toutes recherches ultérieures relativement à l'âge de ce monument ; mais, plus tard, quelques savants élevèrent des doutes sur l'authenticité de l'inscription découverte. Millin disait :

« Il s'en faut de beaucoup que cette explication » soit aussi certaine qu'elle est ingénieuse. J'ai fait » voir, au sujet de l'inscription du temple de Vienne, » que Séguier avait expliquée par le même moyen, » combien peu on pouvait y avoir confiance. Il suffit » de jeter les yeux sur la planche publiée par Séguier » pour s'assurer que la même lettre est souvent diffé- » remment attachée, et qu'il y a un grand nombre » de trous dont on n'a pu trouver l'emploi. La cri- » tique littéraire est ici d'une plus grande autorité » que le sens conjectural et arbitraire qu'on peut » donner à la position des trous » (1).

Les auteurs des monuments antiques du midi de la France ont dit à leur tour :

« Nous sommes bien loin de vouloir élever aucun » doute sur la dédicace de l'édifice de la Maison- » Carrée expliquée par M. Séguier ; mais nous osons » penser que l'inscription en l'honneur des petits-fils » d'Auguste *a pu n'être placée qu'après coup, et suc-* » *céder à une inscription plus ancienne enlevée pour* » *faire place à celle-ci.*

» Cette opinion peut sembler paradoxale ; don- » nons-en les motifs et laissons à des antiquaires plus » savants le soin de les apprécier.

» *La première ligne de l'inscription de Séguier* » *commence à trois décimètres de l'angle oriental*

(1) Millin, *Voyage dans le midi de la France*, vol. IV, p. 21.

» *de la frise, tandis qu'elle se prolonge jusqu'à son*
» *extrémité occidentale d'une manière choquante pour*
» *le coup d'œil, et contraire à la symétrie qui n'a pu*
» *être négligée dans un monument aussi parfait. Le*
» C *qui indique le nom de Caïus est trop rapproché*
» *de celui qui le suit et ne se trouve attaché que par*
» *un seul crampon, lorsque toutes les autres lettres*
» *semblables en portent trois, ce qui peut faire croire*
» *qu'on a voulu mettre à profit un trou déjà existant*
» *sur la pierre.*

» Les lettres de l'inscription paraissent souvent espa-
» cées irrégulièrement : les trous sont trop grands en
» beaucoup d'endroits ; ils dépassent le corps de la let-
» tre en beaucoup d'autres et semblent avoir été re-
» creusés soit en hauteur, soit en largeur ; il en existe
» dont il est même impossible de se rendre compte et
» de faire emploi avec la seule inscription de Séguier,
» tel que celui que l'on voit après l'I de DESIGNATO.

» On aperçoit clairement après l'A du second mot
» AVGVSTI, les traces de VA (1); les mots PRINCI-
» PIBVS IVVENTVTIS se trouvent, contre l'usage, ren-
» voyés de la frise à l'architrave (2) qui, à coup sûr,

(1) Qui auraient pu faire partie du mot DIVAE, si le monument avait été dédié à PLOTINAE.

(2) Il n'est pas sans exemple qu'une inscription ait occupé deux lignes dont la seconde était sur l'architrave, comme au temple de la Concorde à Rome, ou au temple de Vienne; mais, dans ce cas, on fait une *architrave mutilée* dont la saillie est retranchée : lorsque, au contraire, le profil de l'architrave n'est pas interrompu et que les chapelets qui séparent les faces continuent tout en portant une inscription, on peut en conclure que cette inscription est mise après coup ; c'est ce qui a eu lieu au Panthéon de Rome.

» n'avait pas été primitivement destinée à recevoir » une inscription, comme le prouve évidemment la » continuation du profil et des ornements sur les- » quels les lettres ont été appliquées. Enfin cette » dernière ligne de l'inscription n'offre que très-peu » ou point d'incorrections dans la place et l'emploi » des trous, tandis que, dans la première, où nous » supposons l'existence d'une inscription antérieure, » les erreurs sont tellement multipliées qu'il faudrait » supposer, en rejetant notre hypothèse, une mala- » dresse trop grossière chez l'ouvrier qui les aurait » commises, et un défaut de soin inexcusable dans » l'architecte, défaut qu'on ne peut retrouver nulle » part dans l'exécution de ce monument.

» Sans donner à nos observations plus de poids » qu'elles n'en méritent, elles suffisent du moins » pour élever un doute et provoquer un éclaircisse- » ment. S'il résultait, par exemple, de l'examen » approfondi qui pourrait en être fait que les trous » fussent irrégulièrement creusés (1), que celui que » l'on voit près de l'I de DESIGNATO ou tout autre,

(1) Je possède l'original de la lettre écrite par M. Séguier à Ménard, le 19 septembre 1758, où je lis :

« Les trous qui recevaient les tenons ne sont pas tous de la » même profondeur ; la moindre est de 8 lignes, la plus grande » n'excède pas un pouce, suivant que l'ouvrier a plus ou moins » appesanti la main.... Les trous n'étaient pas tous de même » diamètre, le dessin vous en marque les grandeurs différentes. » J'avais oublié de vous dire que plusieurs avaient été fort en- » dommagés soit par les efforts qu'on a faits pour y coigner les » tenons, ou pour enlever le métal, ou pour le peu d'attention » de l'ouvrier à les faire. Si vous jugez à propos de marquer » cela dans votre planche, voici l'état de ceux qui sont endom- » magés et éclatés.... »

» non employé dans l'inscription, gardât encore
» quelque trace de métal de la lettre ou du scelle-
» ment en plomb, il faudrait nécessairement en tirer
» une conclusion favorable à notre supposition. Il
» resterait alors à trouver la première inscription,
» et peut-être ne serait-il pas impossible d'y par-
» venir.

» On sait, du reste, que le changement et la
» substitution que nous supposons n'est pas sans
» exemple dans les monuments antiques. Nous pou-
» vons citer l'altération qu'a évidemment éprouvée
» l'inscription de l'arc de Sévère à Rome. Caracalla,
» devenu fratricide, en fit arracher le nom de sa
» victime pour y substituer ces mots : OPTIMVS. FOR-
» TISSIMVSQVE PRINCIPIBVS, sous lesquels on distin-
» gue encore parfaitement le nom de l'infortuné
» GETA » (1).

Ces doutes, exprimés par plusieurs savants du siècle dernier, ces irrégularités signalées par l'auteur même de la découverte, cette netteté dans la pose des lettres de la seconde ligne, l'inégale profondeur des trous, nous confirment de plus en plus que l'inscription devinée par M. Séguier, quelle qu'elle soit, n'est point celle que le monument portait dans le principe.

Voici quelle était l'opinion de M. Séguier sur la manière dont les lettres étaient fixées :

« Le plomb qui servait pour chaque tenon,
» dit-il dans la même lettre, n'a point été fondu et

(1) *Monuments romains du midi de la France*, par Grangent et Durand, p. 77.

On a vu de nos jours de semblables changements.

» coulé dans les trous ; ce n'est qu'une feuille assez » épaisse qui en remplit la cavité à peu près, et dans » laquelle on chassait le bout du tenon en cognant » sur la lettre pour l'y faire entrer de force. Une » marque bien évidente qu'il n'y avait pas été versé, » c'est que celui qui reste ne remplit pas entièrement » la cavité, et qu'il reste, par ci par là, de petits in- » terstices vides ; c'est ce qui m'a fait appeler tenons » les attaches des lettres plûtôt que fiches ou cram- » pons, dont l'une est pointue et l'autre a les extré- » mités recourbées; je crois que ces tenons étaient » à peu près carrés » (1).

D'après ce qui vient d'être dit, la confusion remarquée dans la disposition des trous de la frise, qui seule devait porter l'inscription première, se trouverait expliquée par le mélange de ses trous avec ceux de la seconde ; d'où il résulte un chaos fort difficile à débrouiller.

En attendant qu'on parvienne à en découvrir les moyens, il nous semble tout simple de s'en rapporter aux faits consignés dans l'histoire, en adoptant, avec toutes ses conséquences, l'opinion généralement admise avant la découverte de M. Séguier (2), opinion qui faisait de la Maison-Carrée cette basilique dont parle Spartien, qu'Hadrien : *in honorem Plotinæ apud Nemausum mirabili opere extruxit*, car nous

(1) Il y a du plomb dans quelques trous ; ils sont indiqués par la lettre P sur le calque de Séguier, d'après sa lettre du 28 août 1758, en ma possession.

(2) Ménard, *Histoire de Nimes*, vol. VII, p. 35. — Deyron, *Antiquités de la ville de Nimes*, p. 94. — Maffei, Gallant, p. 132. — Poldo d'Albenas, p. 73. — Gautier, p. 43.

ne saurions admettre, avec le savant Spon, *que la Maison-Carrée n'est pas un ouvrage assez merveilleux pour être celui dont parle Spartien* (1). L'expression *mirabili opere* pourrait paraître exagérée s'il s'agissait d'un monument du siècle d'Auguste ; mais, rapporté à l'époque d'Hadrien, c'est là, bien certainement, une œuvre admirable, et rien n'est outré dans l'expression de l'historien latin.

Dans cette hypothèse, les trous de la frise dont M. Séguier n'a pu expliquer l'emploi (2) auraient été applicables à l'inscription première, et la découverte de ce savant antiquaire aurait été l'objet d'une seconde dédicace, postérieure à l'époque qu'il assigne à notre édifice et en harmonie avec l'architecture du monument.

Nous nous félicitons, avec M. Mérimée, de l'introduction de l'archéologie dans l'étude de l'architecture; ce n'est, en effet, que par le concours simultané de ces deux sciences que l'on peut arriver à déterminer, avec quelque certitude, l'âge et la destination d'un édifice sur lequel l'histoire ne nous fournit aucun renseignement. De graves erreurs ont été la suite de ce défaut de réunion, et des anachronismes se sont innocemment propagés comme des faits, parce qu'ils avaient été proposés, de bonne foi, par des hommes éminents dans la science; vouloir les détruire aujourd'hui, c'est s'exposer, nous ne

(1) *Recherches curieuses d'antiquités*, p. 160.

(2) Il est à remarquer que l'architrave qui, dans le principe, ne devait pas porter d'inscription, ne présente point de ces trous inutiles en si grand nombre sur la frise destinée à l'inscription première.

nous le dissimulons pas, à n'être point écouté ; mais, n'ayant pour but que la recherche de la vérité, nous n'hésiterons pas à faire connaître nos conjectures lorsqu'elles nous paraîtront plausibles.

Il est des recherches auxquelles il n'est pas facile de se livrer, parce qu'elles tiennent moins à l'art qu'au sentiment, qui exigent des connaissances préalables, un goût tout particulier et un tact exercé, fort difficile à acquérir ; ce sont les recherches qui ont pour objet de reconnaître l'authenticité de l'âge assigné à un monument antique, cet art ne peut s'acquérir que par une grande habitude réunie à des connaissances précises et au sentiment des arts et du goût ; il est difficile de donner des règles positives sur ce sujet (1).

Parmi les privilégiés qui ont reçu du ciel cette influence, la science se plaît à reconnaître MM. Lenormant, Mérimée, Caristie, Clerget, Albert Lenoir, C. Teissier et quelques autres qui ont obtenu du gouvernement des missions scientifiques qui n'avaient d'autre objet que l'étude des monuments de la Grèce, du levant de l'Italie et d'autres contrées encore inexplorées à ce nouveau point de vue.

Consultés par nous, ces savants voyageurs ont unanimement rapporté à l'époque Antonine tous les monuments antiques que renferme la ville de Nimes, à l'exception de la Tour-Magne et de la Porte-d'Auguste. La petite colonne qui existe sur la façade de ce dernier monument, me disait l'un d'eux, suffirait seule pour me convaincre que l'édifice appartient au siècle de ce prince ; lorsque cette observation nous a

(1) *Revue des Deux-Mondes*.

été faite par M. Clerget, cet architecte ignorait entièrement que la Porte-d'Auguste avait sur sa frise une inscription indiquant, en effet, cette belle époque de l'art romain (1).

Fondé sur les ruines de la Grèce, le siècle d'Auguste utilisa les matériaux qui lui servaient de base; les monuments de cette époque furent empreints de cette mâle et sublime beauté qui caractérise les ouvrages des Grecs; mais après la bataille d'Actium, dit Tacite, on ne vit plus de productions qui égalassent celles qui les avaient précédées.

Sous Tibère, Caligula et Claude, les arts se ressentirent de la profonde tristesse de ces princes; l'amour de Néron pour la magnificence leur imprima une pompe luxuriante qui leur fit perdre cette noble simplicité qui constitue le bon goût.

Les règnes de Trajan, d'Hadrien et des Antonins furent des époques privilégiées; l'amour de ces princes pour les arts, la protection qu'ils accordèrent aux artistes, provoquèrent une espèce de renaissance que Winckelmann compare au mieux apparent qu'on observe quelquefois dans une maladie désespérée.

(1) Les inscriptions romaines sont simples, modestes et très-courtes du temps de la République et pendant le premier siècle de notre ère; les seuls mots qui se lisent sur l'arc de triomphe de Titus sont : *Senatus populusque romanus Divo Tito divi Vespasiani F. Vespasiano Augusto*. (Le P. Jobert, *de la Science des médailles*.)

L'inscription de notre Porte-d'Auguste a la même concision et la même clarté.

On peut, sans inconvénient, abréger un éloge quand on est bien sûr que le reste sera suppléé par la voie publique; mais après, les inscriptions devinrent prolixes. (*Ibid.*)

Voici de quelle manière le règne d'Hadrien est apprécié, au point de vue de l'art, par l'un des plus habiles et des plus judicieux de nos critiques modernes :

« L'art grec, ce modèle constant et jamais égalé » de l'art romain, ne pouvait manquer d'être de » mode à une époque où, selon l'expression de Juvé- » nal, Rome était devenue une ville grecque, et sous » un empereur qu'on appelait dans sa jeunesse *le* » *petit Grec,* on devait chercher à le reproduire ; » mais la sculpture du temps d'Hadrien se reconnaît » à je ne sais quoi de poli, de glacé, qui est à » Phidias ce que Fléchier était à Bossuet » (1).

Sous le règne des premiers Antonins, l'art demeura stationnaire, mais les folies de Commode, de Caracalla et l'avarice de Septime-Sévère lui portèrent un coup mortel; les bas-reliefs de l'arc qui porte le nom de ce dernier prouvent combien, depuis le temps d'Hadrien, c'est-à-dire en moins d'un siècle, la décadence avait marché rapidement (2).

L'étude de toutes ces nuances dans les productions artistiques de ces différentes époques a fait classer avec raison par les architectes antiques, la Maison-Carrée parmi les monuments de la période Antonine, qui date d'Hadrien (3).

(1) J.-J. Ampère, *Revue des Deux-Mondes* du 15 mars 1857, p. 407.

(2) F.-B. Mercy, vol. I, p. 345. *Des Beaux-Arts depuis leur origine jusqu'à nos jours.*

(3) L'archéologie de l'architecture réunit celle de tous les arts connus en un seul faisceau.

Les preuves matérielles susceptibles de fournir des éclaircisse-

Bien que ce monument fût considéré par M. Séguier comme appartenant à la plus belle époque de l'art romain, il sut rendre hommage à la vérité en signalant à Ménard, par sa lettre du 27 septembre 1758 (1), certains défauts qu'il avait remarqués dans l'architecture de la Maison-Carrée. C'est d'après cette lettre que l'historien de Nimes a dit :

Quelque parfaite que soit en général l'architecture de ce beau bâtiment, où tout est travaillé avec la dernière perfection, il ne faut pas se persuader qu'il soit sans défaut. Un examen sérieux et une attention réfléchie en ont fait apercevoir plusieurs.

1° Contre l'usage constamment pratiqué dans tous les édifices qui nous restent de l'antiquité, les modillons sont placés à rebours, c'est-à-dire que l'architecte a fait paraître sur le devant la partie par laquelle ils doivent être attachés à la corniche ; leur nombre n'est pas égal dans les côtés du fronton de derrière (2), non plus que dans les murailles latérales, ce qui fait qu'ils sont beaucoup plus pressés dans une partie que dans l'autre (3).

2° A l'exception des quatre colonnes des angles, les modillons ne répondent pas au milieu des chapiteaux, ce qui est contre les règles de la bonne architecture attestée par Vitruve (4).

ments et des inductions judicieuses doivent, dans les appréciations archéologiques, prévaloir sur des notions écrites opposées à ces preuves. (J.-J. Hittorff, *Architecture polychrome*, p. 14.)

(1) Je possède l'autographe de cette lettre.

(2) Il y en a 15 du côté gauche et 14 du côté droit. Sur le fronton de la façade, il y en a 25, dont le 13e est au faîte.

(3) Au levant, il n'y en a que 54, et 62 sur le mur occidental.

(4) Sur la face orientale, un seul, répond au milieu du chapi-

3° Les denticules et les oves ne répondent pas non plus au milieu des colonnes comme elles devraient le faire selon les règles.

4° La corniche de l'entablement était terminée par une cimaise qui n'existe plus, ce qui était contraire aux règles de l'ordre corinthien qui défend de terminer ainsi les corniches.

5° A la hauteur du tiers de la colonne, il régnait une imposte d'environ six pouces de saillie tout le long des murs de l'édifice ; cette imposte portait sa saillie contre les colonnes, ce qui est bizarre et inutile, et retrécissait, en cet endroit, la colonne ; les vestiges en sont encore visibles sur les colonnes de la face orientale (1).

Ménard aurait pu ajouter à ces observations de M. Séguier l'irrégularité dans l'espacement des colonnes, la différence dans leur hauteur, différence rachetée par le plus ou le moins d'élévation du chapiteau, et bien d'autres imperfections encore. Mais en voilà bien assez pour les artistes, et nous nous escrimerions en vain auprès des personnes auxquelles le sentiment de l'art est étranger pour leur indiquer les caractères qui distinguent l'architecture d'époques différentes (2).

Si l'on veut se mettre sous les yeux les belles gra-

teau de la quatrième colonne, en commençant à compter celle de l'angle de la façade.

(1) Ménard, vol. VII, p. 33. Nous avons expliqué précédemment ce qui avait pu provoquer l'exécution de cette cimaise, ch. I, p.

(2) On ne saurait donner une clarté palpable à des choses fondées sur le sentiment, et l'on ne peut que dire ici : Allez et voyez ! (Winckelmann, *Histoire de l'art*, v. 1, p. 61.)

vures de l'ouvrage de Robert Vood (1), on verra qu'un grand nombre d'édifices de Balbec et de Palmyre ont beaucoup de rapport avec la Maison-Carrée, et comme ce ne fut que dans le troisième âge de Rome que l'ordre corinthien fut généralement appliqué à la décoration des monuments, l'auteur anglais pense que l'on doit attribuer à Hadrien les ouvrages faits à Balbec et à Palmyre.

Il résulterait de toutes ces remarques architectoniques que l'inscription première de la Maison-Carrée ne devait pas être antérieure au règne d'Hadrien, et par conséquent que l'interprétation proposée par M. Séguier ne pouvait s'appliquer à Caïus et Lucius, mais à des princes de la jeunesse d'une époque plus récente.

Un fait matériel qui vient à l'appui de cette conjecture, c'est qu'en 1822 on découvrit, sur le devant de la façade, un pavé mosaïque dont le niveau, plus bas que le sol du monument, et la direction des axes, sans aucun rapport avec ceux de l'édifice, ont fait dire, avec raison à notre regrettable ami, Alphonse de Seynes : *Cette mosaïque a incontestablement appartenu à des constructions antérieures à l'édifice.*

Or, à quelle date faudrait-il rapporter cette mosaïque, si l'on considérait la Maison-Carrée comme un monument du siècle d'Auguste ? Elle aurait dû être nécessairement antérieure à l'établissement de la colonie elle-même ; bien certainement il n'est pas problable qu'à une époque où l'on devait ne s'occuper que d'organisation, ou, tout au plus, d'objets

(1) Les ruines de Palmyre, aujourd'hui Tedmor. (Robert Vood, Londres, 1753.)

d'utilité publique, on eût songé à élever un monument de luxe qui indique plutôt l'apogée de la prospérité que la fondation d'une colonie naissante.

Tout concourt donc à démontrer qu'au point de vue de son architecture, la Maison-Carrée appartient à l'époque assignée par l'histoire à la basilique de Plotine construite à Nimes par Hadrien ; ainsi, sous ce rapport, notre opinion se trouverait encore confirmée, et la découverte de M. Séguier serait relative, ainsi que nous l'avons dit, à une inscription postérieure qui aurait remplacé la première (1).

Cette seconde inscription a été maladroitement combinée, puisque l'artiste se vit obligé, comme nous l'avons dit, de la terminer sur l'architrave non taillée dans ce but; lorsqu'il ne s'agissait, pour la restreindre à la longueur de la frise destinée à cet effet, que de se conformer à la simplicité du style épigraphique de cette époque, en indiquant seulement par les deux ou trois premières lettres les mots *Caesari, Augusti, designato. principibus Juventutis;* tandis que ces mots, exprimés en toutes lettres, et les deux premiers répétés deux fois de la même manière il en résultait pour l'inscription une longueur contraire aux rè-

(1) De pareils changements de dédicace se pratiquaient alors comme de nos jours.

Les Lyonnais avaient consacré un édifice à Antonin au bas de la montagne de Fourvières ; après sa mort, ils le dédièrent à Lucius-Verus et à Marc-Aurèle. On voit, dit à ce sujet notre regrettable Jules Tessier, que l'on fit à Lyon pour le temple d'Antonin ce qu'on avait fait à Nimes pour celui de Plotine; et la chose paraîtra toute naturelle à ceux qui savent combien l'esprit d'imitation régnait dans tout l'empire, surtout quand il s'agissait d'adulation ou de servilité.

gles de l'architecture et du bon goût qui régnait au siècle d'Auguste.

Quant à la seconde dédicace, objet des savantes recherches de notre Séguier, ne pourrait-elle pas être la conséquence des bienfaits d'Antonin pour la patrie de ses pères (1) ?

« La splendeur d'Antonin, dit Florus, se montra » dans les édifices qu'il fit construire ; mais sa ma- » gnificence s'étendit plus loin qu'à Rome. L'Afrique, » la Gaule, l'Orient y participèrent aussi d'autant que » le feu ayant fait de grands ravages en ces lieux si » éloignés, il donna de quoi subvenir à ces malheurs » qui étaient arrivés particulièrement à Carthage, Nar- » bonne, Antioche, tellement que l'univers était » comme un théâtre où il faisait reluire sa bonté. Sous » son règne, les provinces romaines fleurirent d'une » manière particulière » (2).

On doit bien supposer que la ville de Nimes, dont il était originaire, eut sa bonne part dans les faveurs de ce prince (3). Ce fut probablement sous son règne que se terminèrent les grands travaux d'utilité générale commencés par son prédécesseur, au nombre desquels se trouvait la basilique, dont le portique extérieur n'était pas encore exécuté (4).

(1) La famille d'Antonin était originaire de Nimes, par deux *Aurelius Fulvius*, l'aïeul et le père d'Antonin.

(2) Florus, *Histoire romaine*, p. 575.

(3) *Les monuments de Nimes, dont l'architecture paraît convenir à l'époque d'Antonin, doivent peut-être la naissance à sa piété envers le lieu de son origine.* (J-J. Ampère, *Histoire romaine à Rome; Revue des Deux-Mondes*, du 15 avril 1857, p. 724.)

(4) *On ne voit guère Antonin faire autre chose que de réparer les monuments au lieu d'en faire de nouveaux.* (J-J. Ampère, *Ibidem*, p. 723.)

On remarque, en effet, que cette partie du monument est d'un style inférieur à celui de l'édifice principal, ce qui n'avait point échappé à notre architecte archéologue, Alphonse de Seynes : « La base des co-
» lonnes et le profil de l'entablement du portique, dit-
» il, n'ont pas la pureté et la grandeur qu'ils ont au
» temple ; relativement à sa hauteur, la corniche a
» peu de saillie sur la frise. Ces deux constructions
» n'appartiendraient-elles pas à la même époque ?
» et en adoptant l'inscription Séguier, qui dédie ce
» temple aux deux petits-fils d'Auguste, aurait-on
» d'abord, sous cet empereur, élevé ce temple aux
» deux princes de la jeunesse romaine ? et ses succes-
» seurs, les Antonins peut-être, qui, comme on le sait,
» étaient originaires de Nimes, l'auraient-ils ensuite
» agrandi et entouré de portiques pour en faire la prin-
» cipale place de la ville qui les avait vus naître ? Je sou-
» mets aux antiquaires versés dans la connaissance du
» style des diverses époques de l'architecture ces di-
» verses conjectures que je présente timidement » (1).

Les judicieuses remarques de M. de Seynes s'accordent avec ce que nous venons de dire, que la construction du portique extérieur est contemporaine de cette seconde inscription dont la découverte est due à M. Séguier, mais qui doit cependant être modifiée de manière à rendre son interprétation postérieure au règne d'Hadrien.

Eh bien ! n'est-il pas naturel de penser que la ville de Nimes, dans laquelle Antonin faisait exécuter de si grands travaux d'utilité publique, ville dont il avait

(1) *Essai sur les fouilles de la Maison-Carrée*, p. 32. Alph. de Seynes.

fait, peut-être momentanément, la capitale de la Narbonnaise, comme semble l'avoir si judicieusement démontré notre regrettable Jules Teissier, eût voulu à son tour donner à ce prince des témoignages de sa reconnaissance en dédiant à ses enfants adoptifs, Marcus et Lucius, non point un temple, mais un monument dans la catégorie de ceux que le législateur désigne sous le non de *res universitales*, destiné à transmettre à la postérité la gratitude des populations? La Maison-Carrée devenait en quelque sorte un édifice nouveau par la construction du vaste portique dont on l'entourait.

Hadrien étant mort, la première dédicace de la basilique fut d'autant plus facile à oublier que généralement, chez les Romains, la construction d'un édifice est attribuée à celui qui le termine. C'est ainsi que l'amphithéâtre Flavien fut considéré comme l'œuvre de Titus : *et si fama et Vulgus Tito magis adjudicavit, sive favori cuidam in illum, sive potius ex Romano ritu quo receptum opera censeri à dedicante* (1).

Dans notre hypothèse, la découverte de M. Séguier recevrait ici son application ; il n'y aurait de changé que la première lettre que ce savant lui-même n'a pu déterminer que par induction, attendu que sur le point où elle avait dû être appliquée, la pierre se trouvait détruite et que le seul trou qui reste de cette première lettre convient beaucoup mieux, par sa position, à la letre M qu'à la lettre C.

Voici ce que disait, à ce sujet, M. Jules Tessier dans une séance du Congrès scientifique de Nimes :

(1) Juste Lipse, lib., 1, cap. VI, *de Amphitheâtro*.

« Un coup d'œil sur le calque de M. Séguier,
» que M. Auguste Pelet met sous vos yeux, et même
» sur la frise du monument, suffit pour prouver que
» l'invention de la lettre C ne fut pas heureus. En
» effet, cette lettre recourbée est du plus mauvais
» effet suivie du point séparatif qui, d'après les trous
» du scellement, serait beaucoup trop engagé dans la
» concavité.

» Si l'on adopte l'M, au contraire, son jambage
» de retraite laisse au point séparatif un champ libre
» et suffisant, pareil à celui qui précède ou qui suit
» les autres points ou sigles (1).

» Ce défaut qui résulterait de l'adoption du C est
» saisissable même sur les figures en petit publiées,
» dans le principe, par Séguier et Ménard ; mais il
» est bien plus frappant sur le calque original que
» vous avez sous les yeux et sur le monument. Il a
» choqué M. Clérisseau, Legrand, Grangent et Durant.
» Séguier lui-même était affecté de cette imperfec-
» tion qu'il ne pouvait se dissimuler et qu'il est bien
» difficile d'admettre sur un monument de cette ri-
» chesse et de cette importance. »

Ainsi, dans notre opinion, l'inscription découverte

(1) On a dit que l'espace de 30 centimètres qui existe entre le premier trou et l'angle de la frise n'était pas suffisant pour renfermer la lettre M ; c'est là évidemment une erreur. Ce premier trouva lui-même une largeur de cinq centimètres qu'il faut bien comprendre dans cet espace, puisqu'il se trouvait recouvert par le jambage droit de la lettre. Eh bien ! une inscription nouvellement découverte que l'on voit au Nymphée vient de faire justice de cette taquinerie. Les lettres de cette inscription y sont d'une dimension plus forte que celles de la Maison-Carrée, et la lettre M, dans sa plus grande largeur, n'a que 30 cent., d'où il suit que l'ins-

par Séguier devrait être lue de la manière suivante :

MARCO· CAESARI· AUGUSTI· FILIO· CONSUL· LUCIO· CAESARI· AUGUSTI· FILIO. CONSUL· DESIGNATO· PRINCIPIBUS· JUVENTUTIS.

Cette interprétation se rapporterait à une époque en harmonie avec l'architecture du monument, en conservant à notre savant archéologue le mérite de sa belle découverte.

L'inscription correspondrait alors à l'année 152, pendant laquelle « Lucius, étant questeur, donna au » peuple des spectacles qu'il présida, assis entre An- » tonin et Marcus. Dans ce moment, Antonin le dé- » signa consul pour l'année suivante » (1).

Allons au devant des objections :

On peut dire avec vérité qu'en général, sur les inscriptions relatives à Marcus et à Lucius, le prénom de ces deux princes est ordinairement suivi de leur nom de famille, ce qui n'aurait pas lieu pour celle que nous proposons ; mais il faut considérer que ce ne fut que l'an 161 que Marcus prit le nom d'Antonius et donna celui de Verus à son collègue; il n'est donc pas étonnant que, l'an 152, pendant que leur père adoptif vivait encore, ces deux princes fussent désignés seulement par leur prénom. Sur une inscription monumentale, où ce prénom était suivi de leurs qualités, *Caesari, Augusti filio, principibus juven-*

cription totale de notre édifice se trouvait ainsi placée d'une manière symétrique par rapport aux deux angles de la frise, puisque la dernière lettre du mot *designato* touche l'angle ouest.

(1) Le Nain de Tillemont, vol. 11, p. 357.

tutis, écrits en toutes lettres sous le fronton de l'édifice (1).

Il est une autre objection qui pourrait d'abord paraître plus sérieuse; on lit dans Mionnet : « Lucius » Cejanius Aelius Verus, né à Rome, l'an 130 de » J.-C., adopté par Antonin, en même temps que » Marc-Aurèle (l'an 138), mais *privé du titre de César et d'Auguste ;* associé à l'empire par Marc- » Aurèle, après la mort d'Antonin (l'an 161) prend à la » fois le titre de César et d'Auguste. »

L'autorité de Mionnet ne saurait être méconnue, et l'histoire démontre qu'en effet le titre de *César* ne se trouve, *sur les médailles de Rome,* à côté du nom de *Verus*, qu'avec le titre d'*Auguste*, attribution de la puissance impériale : « Lucius Verus, dit son historien, » fut longtemps privé des dignités dont Marcus était » revêtu, car il ne siégea pas au sénat avant d'avoir » passé par la questure ; dans les voyages, il ne mar- » chait pas avec son père, mais avec le préfet du » prétoire, et l'on ne joignit à son nom d'autre titre » honorifique que celui de *fils d'Auguste* (2).

(1) *Princeps juventutis* est une qualité qu'on donna aux fils des empereurs du temps d'Auguste. (Le P. Joubert, *de la Science des médailles*, p. 205.)

L'an 160, un sacrifice taurobolique eut lieu à Lyon pour la conservation de la santé d'Antonin et de ses deux enfants, Marc-Aurèle et Lucius Vérus, comme héritiers présomptifs d'Antonin, qui les avait adoptés après la mort de *Galerius Antonius*. (De Boze, *Mémoires de l'Académie des inscriptions*, vol. 11, p. 575.)

Cette inscription taurobolique existe au musée de Lyon. (Alph. Boissieu, p. 25.)

(1) *Capitolinus in ejus vita :* HISTORIA AUGUSTA SCRIPTORES, IV, p. 224.

Nonobstant ces faits, l'adoption avait, chez les Romains, comme de nos jours, toutes les propriétés des actes légitimes, et la dignité de *César* en était la conséquence lorsque cet acte émanait de l'empereur (1): « Car il n' ya pas d'exemple, dit M. Bimard-Labastie, » que quelqu'un soit passé *in familiam tantum pri-* » *vatam* d'un Auguste sans qu'il ait été déclaré *César*, » quoique je sache que les fils naturels de ceux qui » devenaient empereurs soient quelquefois demeu- » rés particuliers, témoin le fils de Pertinax, dont » parle Capitolin (2) et Spartien....... *Ce qui prouve* » *qu'être adopté par l'empereur ou être fait César* » *étaient des choses qui se suivaient et que l'on enten-* » *dait l'un par l'autre* » (3).

Ainsi Marcus et Lucius, par suite de leur adoption, en quelque sorte jumelle, avaient un droit égal aux titres de *fils d'Auguste* et de *César* qui en étaient la conséquence. Antonin pouvait bien ne pas vouloir donner cette dernière qualification à Lucius, mais il n'avait pas le pouvoir de la lui enlever sans un sénatus-consulte. « Les ordres des empereurs n'étaient pas une » puissance légitime par un droit attaché à leur di- » gnité, mais par la volonté du sénat que la religion » du serment rendait continue » (3).

Ces faits historiques présentent des contradictions qu'on ne peut expliquer qu'en remontant aux sources

(1) Le mot de *César* doit passer, dans le haut empire, pour le nom de famille et non pour une dignité ; *tous ceux qui ont été véritablement Césars, ou par naissance ou par adoption,* l'ont porté à juste titre. (Le P. Joubert, *de la Science des médailles*, p. 197.)

(2) Chap. IV et chap. VI.

(3) Muratori, vol. 1, p. 166.—Voyez Desobry, vol. IV, p. 143, *Lois des Césars*.

de l'histoire pour découvrir les motifs qui portèrent Antonin à traiter d'une manière si différente ses héritiers présomptifs.

Florus, contemporain de ces princes, va nous les expliquer peut-être :

« L'adoption d'Aelius Verus par Hadrien (1) avait » déplu au sénat, et celle d'Antonin ne lui fut pas » agréable, par cela qu'elle portait la clause que ce » dernier adopterait à son tour Marcus, ainsi que le » fils de cet Aelius Verus qui avait été un objet de » haine pour les sénateurs, et qu'une fin prématurée » avait enlevé à l'amour d'Hadrien. Aussi, à la mort » de ce dernier, le sénat mit-il en délibération s'il ne » casserait pas tous les actes de son empire ; mais Antonin ayant représenté que par là il se trouvait dé- » pouillé de la couronne, puisque son adoption de- » venait aussi un acte nul, la vénération qu'il ins- » pirait triompha de cette résolution, et le sénat ac- » corda à ses vertus ce qui lui aurait été absolument » refusé sans cette considération.

» A son avénement au trône, Antonin se conforma » rigoureusement aux prescriptions de son prédéces- » seur, en adoptant Marcus et Lucius. Le premier, » d'un caractère souple et débonnaire, était » aimé des Romains et préféré de l'empereur qui lui » donna tous les témoignages possibles de sa considé- » ration ; il fut dispensé de l'âge pour entrer aux » charges, et pour rendre, à son égard, son adoption » plus célèbre, il le fit monter par tous les degrés des » honneurs de l'empire, *le fit appeler César* et lui

(1) Aelius a été le premier chez lequel le nom de César se soit trouvé séparé de celui d'Auguste. (Le P. Joubert, p. 197 et 205.)

» donna tous les ornements d'une souveraine gran-
» deur » (1).

Lucius, qui n'était aimé ni du sénat ni de l'empereur, était traité bien différemment par Antonin; il ne lui donna aucune dignité qui pût indiquer sa future élévation à l'empire ; il n'avait pour lui que les soins qu'il devait à la mémoire d'Hadrien qui le lui avait donné pour fils (2).

L'empereur savait très-bien qu'après Auguste, cette qualification avait été employée pour désigner l'héritier du trône (2), et il ne voulait pas même donner prise à cette interprétation en octroyant ce titre à Lucius. C'est par suite de cette politique que *la numismatique n'offre aucun exemple de* MONNAIE ROMAINE *portant le nom de ce prince suivi du titre de César* (3).

C'est avec intention que nous disons *de monnaie romaine*, car les colonies qui ne connaissaient point les vues secrètes d'Antonin, et qui par conséquent n'avaient aucun motif de ne pas donner à Lucius Verus la qualification qui lui appartenait de droit, n'imitèrent pas, à cet égard, l'exemple de Rome. Les habitants d'Antioche de Pisidie, en mémoire des bienfaits reçus de la part d'Antonin-Pie, frappèrent des monnaies à son image et à celle de chacun de ses fils en particulier; sur les médailles de Lucius, ce prince porte le ti-

(1) Florus, *Histoire romaine*, p. 504.

(2) Gravina, p. 395.

(3) *Sic Cæsaris nomen tanquam secundi fastigii titulum non habuit, ideo nulli ipsius nummi cum Cæsaris nomine senatus consulto percussi, nec aurei nec argentei reperiuntur* (numismata aerea in calamis municipiis.) Du Foy Vaillard, v. I, p. 195.

tre de *César*, comme sur celles de son frère Marcus : *Antiochenses Pisidi beneficiorum ab Antonino Pio acceptorum ipsi et filiis ejus adoptivis percusserunt, in hoc* Lucius Verus Caesaris *nomen est ut Marcus Aurelius præfert* (1).

Pourquoi la colonie de Nimes n'aurait-elle pas, à son tour, rendu, à la même époque, un hommage analogue à un prince né dans son sein et qui la comblait de faveurs ?

Ce qui démontre encore que l'on donnait bien à Marcus et à Lucius le titre de *Caesaris Augusti filii*, c'est que Justin, philosophe et martyr, contemporain de ces princes, touché des persécutions dont les chrétiens « étaient alors l'objet, fait, en leur faveur, deux » apologies qu'il adresse à l'empereur Antonin le Dé- » bonnaire et *à ses enfants, les Césars Marc-Aurèle et* » *Lucius Verus*, qu'il avait adoptés et associés à la » gloire de l'empire, et à tout le sénat romain, leur jus- » tifiant de l'innocence de leurs départements » (2).

Il est bien évident, d'après cela, que l'omission du titre de *César* sur les médailles romaines de Lucius n'est que le résultat de la volonté d'Antonin et de sa politique relativement à son successeur : « Mais il n'en » est pas ainsi des inscriptions ; on en dédiait de pu- » bliques et de particulières, et les Augustes ou les » Césars ne pouvaient, dans ces sortes de monuments, » être distingués que par les titres qui leur étaient pro- » pres ; *il n'y a aucune comparaison à faire, ni con-*

(1) Ibid., ibid., p. 196.
(2) Ibid., ibid. — Florus, *Histoire romaine* p. 597.

» *séquence à tirer des médailles aux inscriptions rela-* » *tivement à l'omission du titre de César* » (1).

L'an 146, les habitants de Nimes érigèrent une statue à Faustine, femme de Marc-Aurèle, avec cette inscription gravée sur le piédestal :

FAVSTINAE· AVG
IMP· CAES· T· AELI
HADRIANI· ANTONINI
AVG· PII· P· P. TRIB· POT· IX
IMP· II· COS IIII
FILIÆ
M·AVRELI· CAESARIS
VXORI

« Cette inscription, disait notre ami Jules Tessier, » me conduit à une réflexion qui me paraît toute natu- » relle ; comment s'étonnerait-on que Nimes eût con- » sacré un édifice déjà existant à Marcus et à Lucius, » fils adoptifs d'Antonin *César*, et par conséquent hé- » ritiers désignés de l'empire, quand elle élevait des » statues à la femme de l'un deux ? »

Le titre de *Cæsari Augusti filius*, appliqué à Lucius, ne pouvait donc pas être un motif pour suspecter la seconde inscription, découverte par M. Séguier avec la légère modification que nous proposons ; ces titres appartenaient de droit aux princes auxquels l'édifice était

(1) Muratori, vol. I, p. 131. — Marcus et Lucius firent élever à Rome la colonne Antonine, et sur l'inscription qu'ils y firent graver, ils ne se donnent pas même le titre de César : *Divo Antonino Pio et Antoninus Augustus et Verus Augustus filii*. Faudrait-il en conclure qu'ils n'avaient point le titre de César, même après la mort de leur père adoptif ?

désormais dédié. Ainsi ce témoignage de reconnaissance des anciens habitants de Nimes à un empereur originaire de la cité, dans la personne de ses fils, se trouvant en harmonie avec l'histoire et avec l'âge que l'architecture du monument lui assigne , il en résulte, ce nous semble, une grande probabilité en faveur de notre opinion : *nam quæ non possunt singula multa juvant.*

Nimes. — Typ. Clavel-Ballivet et Cᵉ.

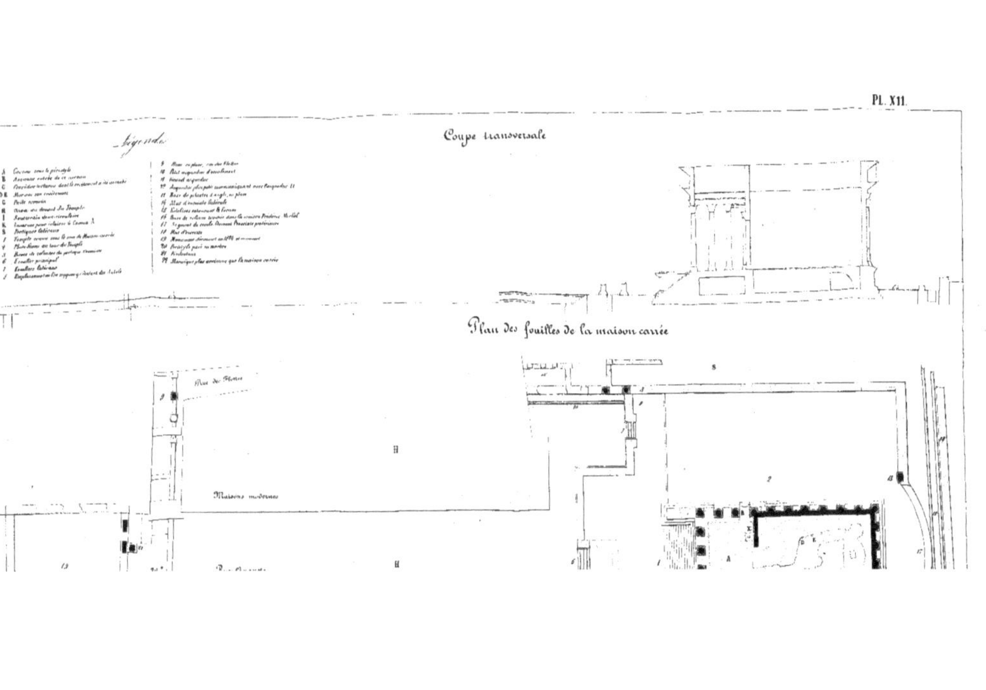

PL. XII.
Coupe transversale
Légende
Plan des fouilles de la maison carrée
Maisons modernes

www.ingramcontent.com/pod-product-compliance
Lightning Source LLC
LaVergne TN
LVHW020448230826
846091LV00004B/1599

* 9 7 8 2 0 1 1 9 2 7 2 9 3 *